TEMAS

Spanish for the Global Community

Cuaderno de ejercicios y
Manual de laboratorio

JORGE H. CUBILLOS
University of Delaware

EDWIN M. LAMBOY
Montclair University

THOMSON
HEINLE

Australia   Brazil   Canada   Mexico   Singapore   Spain   United Kingdom   United States

THOMSON
HEINLE

Temas
Second Edition
Cuaderno de ejercicios y Manual de laboratorio
Cubillos | Lamboy

Executive Editor: Carrie Brandon
Acquisitions Editor: Helen Alejandra Richardson
Development Editor: Mercedes Roffé
Senior Production Project Manager: Esther Marshall
Marketing Manager: Lindsey Richardson
Marketing Assistant: Marla Nasser
Advertising Project Manager: Stacey Purviance
Managing Technology Project Manager: Sacha Laustsen
Manufacturing Manager: Marcia Locke

Compositor: Pre-Press Company, Inc.
Project Management: Pre-Press Company, Inc.
Senior Permissions Editor: Isabel Alves
Permissions Editor: Veronica Oliva
Photo Manager: Sheri Blaney
Art Director: Bruce Bond
Cover Designer: Yvo Riezebos
Cover Printer: Thomson West
Printer: Thomson West

Cover image: ©Photodisc/GETTY IMAGES; inside cover
endpaper: © Diana Ong/Superstock

Thomson Higher Education
25 Thomson Place
Boston, MA 02210-1202
USA

ISBN 1-4130-1828-9

For more information about our products, contact us at:
Thomson Learning Academic Resource Center
1-800-423-0563

For permission to use material from this text or product,
submit a request online at
http://www.thomsonrights.com.

Any additional questions about permissions can be submit-
ted by email to **thomsonrights@thomson.com.**

CREDITS

We have made every effort to trace the ownership of all copyrighted material and to secure permission from copyright holders. In
the event of any question arising as to the use of any material, we will be pleased to make the necessary corrections in future print-
ings. Thanks are due to the following authors, publishers, and agents for permission to use the material indicated.

Chapter 4. 71: "Nuestra herencia hispana: ¡Nuestros diseñadores de moda!" de Claudia Bertollini-Caino http://www.lavox.com/es-
tilo/10-01-2002.php; **Chapter 5. 85:** Artículo de la Revista Semana. Bogota, Colombia. 2005; **Chapter 6. 100:** Used courtesy of
CANATUR, Amara Nacional de Turismo, Costa Rica; **Chapter 7. 113-114:** Copyright © 1999 by The New York Times Co.
Reprinted with permission; **Chapter 8. 128:** Artículo de la Revista Semana. Bogota, Colombia. 2005; **Chapter 9. 144-145:** Used
courtesy of Ana Muñoz, Psycologist. www.cepvi.com - web de psicología, medicina y salud; **Chapter 11. 178-179:**
ELMUNDOUNIVERSIDAD.COM.

Preface

The Workbook/Laboratory Manual that accompanies *Temas*, **Second Edition**, is designed to reinforce and practice the vocabulary, structures, and communicative functions introduced in the main text and to develop pronunciation and aural comprehension skills.

Each chapter of the Workbook follows the basic structure of the main text with exercises and activities corresponding to each of the chapter's three **Temas**. At the end of **Temas 1** and **2** there is a writing task, or **Escritura**, that combines elements of the various **Vocabulario** and **Funciones y estructuras** sections while reinforcing and practicing writing skills. As in the main text, writing is treated as process and all writing assignments are correlated to *Atajo Writing Assistant for Spanish*. The *Atajo* software, which runs on Macintosh and PC platforms, includes spell-check and a dictionary. At the end of **Tema 3** there is a reading, or **Lectura**, which is fully supported by pre- and post-reading activities that offer additional opportunities to practice the reading strategies developed in the main text. Each chapter of the Workbook ends with an **Autoexamen** for self-testing on key vocabulary and structures. An answer key for the **Autoexamen** can be found on pages 249–252. Answers to other Workbook activities are available in a separate Workbook Answer Key.

Chapters in the Laboratory Manual begin with a **Pronunciación** section, in which students can learn and practice basic Spanish phonology. Following **Pronunciación**, the **Dictado** exercises focus on identifying and writing down words and phrases that use chapter-relevant vocabulary. **Extensión** activities often follow a **Dictado** and provide the opportunity to process the information written meaningful contexts as a transition to the listening comprehension section that follows. In the **Comprensión auditiva** section, students listen to native Spanish speakers talking about everyday situations or to brief narratives on topics relevant to the chapter themes. Activities stress listening for information (rather than for form) and often provide a brief **Vocabulario importante** list to facilitate comprehension of unfamiliar terms. Answers to the Laboratory Manual activities are available in a separate Laboratory Manual Answer Key.

Contenido

Cuaderno de ejercicios

Capítulo P ¡A empezar!

El salón de clase

WBCP-1. Expresiones For each of the classroom situations shown, write in Spanish what the person would most likely say.

Marcos (A) has just dropped his pencil, and the student next to him picked it up.

What would Marcos say to her?

(A) _____

_____

_____

What would Ana's (B) response be?

(B) _____

_____

_____

Professor Martín (C) is about to pass out the exams. What would he ask the students to do with their books?

(C) _____

_____

_____

Antonio (D) has just been called on to answer the question on the board. Unfortunately, his teacher spoke too fast, and he did not get the question. How would he ask her to slow down a bit?

(D) _____

_____

_____

Susana (E) has just been greeted by her instructor in the hallway. She does not understand what he just asked her. After pausing to think, Susana asks him to repeat his question. What would she say to him?

(E) _____

_____

_____

After he repeats the question, what would Susana's (F) response be?

(F) _____

_____

_____

Los saludos, las despedidas y las expresiones de cortesía

WBCP-2. Diálogos After a day of Spanish class, you would like to try a bit of real-world practice, so you search about for some opportunities to practice some of the phrases you have learned. For each situation or dialogue below, provide an appropriate question or response in Spanish.

1. One morning you see one of the other Spanish professors heading into the classroom building. You say to her:

   _____

2. She replies, «Bien, gracias. ¿Cómo te llamas?» You respond:

   _____

3. On the way to another class, you see your friend Jorge, who is originally from Venezuela. You surprise him by saying:

   _____

4. You ask how he is doing:

   _____

5. After some chitchat in English, you need to head off in a different direction. You "sign off" by saying:

   _____

6. Your best friend has just introduced you to his Cuban roommate, Carlos. You respond:

   _____

7. Carlos smiles and replies:

   _____

Funciones y estructuras: Personal pronouns

WBCP-3. ¿Qué pronombre? Indicate what pronoun you would use in the following situations.

1. When you are talking to your professor about your brother. _____

2. When you are telling your best friend what he/she should do this weekend. _____

3. When you are talking to your parents about two female classmates. _____

4. When you are describing Gloria Estefan in class. _____

5. When you are addressing your professor respectfully. _____

6. When you are describing your personality. _____

7. When you are telling your group members what they have to do (as in Spain *and* as in Latin America).

   _____   _____

8. When you are reporting to the rest of the class the answers you and your group members came up with. _____

Los cursos

WBCP-4. ¿Qué estudiaron los famosos? If the following real/fictitious people had pursued their studies at a Hispanic university, what would they have studied to get where they ended up in their professions?

1. Pablo Picasso _____

2. Clarence Thomas _____

3. Dr. Dolittle _____

4. Ludwig van Beethoven _____

5. Lois Lane _____

6. Marie Curie _____

7. William Shakespeare _____

8. Oprah Winfrey _____

9. Bill Gates _____

10. Albert Einstein _____

Los días, los meses y las estaciones

WBCP-5. Asociaciones People tend to be creatures of habit. If you had to explain when certain events or actions *normally* occur here in the United States to a student recently arrived from a Spanish-speaking country, what would you say? Write in Spanish a day of the week, a month of the year, or a season that you would associate with each of the following.

1   2   3   4

5   6   7   8

1. _____   5. _____
2. _____   6. _____
3. _____   7. _____
4. _____   8. _____

Los números

WBCP-6. ¿Qué hay en el salón de clase? Your professor has asked you to help count the items in the class-room. Write out the numbers and items in Spanish.

1. 25 notebooks _____
2. 87 pens _____
3. 44 desks _____
4. 16 students _____
5. 3 chalkboards _____
6. 72 books _____
7. 58 chairs _____
8. 13 backpacks _____
9. 9 tables _____
10. 30 workbooks _____

Los colores

WBCP-7. ¿De qué color es? Match the object with its color.

_____ 1. coffee

_____ 2. the sky (on a clear day)

_____ 3. blood

_____ 4. coal

_____ 5. a piece of paper

_____ 6. an orange

_____ 7. a plant

a. blanco

b. azul

c. rojo

d. verde

e. negro

f. anaranjado

g. marrón

Funciones y estructuras: Gender, number, and definite articles

WBCP-8. Lo que necesitamos Help your fellow Spanish classmates complete their list of necessary items for the classroom. They know the items but need help in identifying the following words as masculine or feminine, singular or plural. Select the appropriate definite article for each item in the list.

MODELO   el   la   los   las   lápiz   →   *el*

1. el	la	los	las	escritorios
2. el	la	los	las	mochilas
3. el	la	los	las	profesora
4. el	la	los	las	tiza
5. el	la	los	las	borrador
6. el	la	los	las	pizarras
7. el	la	los	las	libro
8. el	la	los	las	cuadernos
9. el	la	los	las	puerta
10. el	la	los	las	bolígrafos

Funciones y estructuras: Indefinite articles and the invariable impersonal verbal form *hay*

WBCP-9. ¿Qué es/son? One of your classmates is helping you study the vocabulary for classroom objects and is asking you to name certain items. Complete your answers with the appropriate indefinite articles.

1. Son _____ estudiantes.

2. Es _____ profesor.

3. Es _____ pared.

4. Son _____ libros.

5. Es _____ cuaderno de ejercicios.

6. Es _____ lápiz.

7. Son _____ escritorios.

8. Es _____ silla.

9. Es _____ bolígrafo.

10. Es _____ borrador.

WBCP-10. En el salón de clase Describe the following picture. Write at least six sentences with the verb **hay**. Include a number (written out) in Spanish whenever possible.

    MODELO   *Hay una profesora.*

1. _____
2. _____
3. _____
4. _____
5. _____
6. _____

Capítulo 1 Éste soy yo

Tema 1 Datos personales

Vocabulario: Los formularios

WB1-1. ¡Información, por favor! As part of your job working with international students, you have been sent an electronic copy of the personal information for an incoming student, but the information has become corrupted. Match each category on the left with the appropriate information on the right.

_____ 1. Apellidos   a. 22-31-02

_____ 2. Ciudad   b. 43592890075

_____ 3. Dirección electrónica (*e-mail address*)   c. Diana María

_____ 4. Nacionalidad   d. México

_____ 5. Nombres   e. mexicana

_____ 6. País   f. México, D.F.

_____ 7. Pasaporte Nº   g. femenino

_____ 8. Sexo   h. ncastillo@uniweb.mx

_____ 9. Teléfono   i. Núñez Castillo

WB1-2. En el hotel Imagine that you are checking into a hotel in a Spanish-speaking country. Fill out the following registration card with your personal information.

HOTEL GRANADA REAL

Tarjeta de Registro

Información del/de la huésped (*guest*)

Primer apellido _____ Segundo apellido _____

Primer nombre _____ Segundo nombre _____

Domicilio _____ Ciudad _____

País _____

Correo electrónico _____

Fecha de nacimiento (dd/mm/aa) _____

Sexo: M   F   Nacionalidad _____

Fechas de alojamiento: Desde (*From*) _____ Hasta (*Until*) _____

WB1-3. El ex alumno Francisco is about to graduate from the Universidad Autónoma de México and he needs to fill out an alumni registration card. Read the following biography of Francisco and help him fill out the card.

> Francisco Javier Ruiz Martínez es estudiante en la Universidad Autónoma de México. En la universidad, Francisco estudia ingeniería y va a graduarse este año. Él tiene 23 años y nació en Mérida (Estado de Yucatán) el 20 de mayo de 1988. Mientras él asiste a la universidad, vive con sus tíos en el Distrito Federal; ellos tienen un apartamento grande cerca de la Universidad, en la Calle de la Independencia, número 323. Ana María, la hermana de Francisco, también vive con sus tíos y va a la universidad; es estudiante de primer año y no tiene una especialización todavía. A Francisco le gusta leer, jugar al fútbol y escuchar música.

Primer apellido _____ Segundo apellido _____

Primer nombre _____ Segundo nombre _____

Domicilio _____ Ciudad _____

País _____

Fecha de nacimiento (dd/mm/aa) _____

Sexo: M F Nacionalidad _____

Especialidad _____

Profesión _____

Pasatiempos favoritos _____

Funciones y estructuras: Providing personal information with the verb *ser*

WB1-4. Un nuevo amigo Select the personal pronoun or form of the verb **ser** for each blank.

yo tú él ella usted nosotros vosotros Uds.

soy eres es somos sois son

Estimado amigo:

Me llamo Ben Flanagan. _____ estudiante de la Universidad McGill.

¿ _____ tú profesor o estudiante? _____ soy representante del nuevo Club de Español aquí en McGill. Nosotros _____ estudiantes de la clase de español básico. Nuestra profesora _____ la Dra. Sainz-Cádiz. _____ es muy inteligente y activa. En la clase, muchos de los estudiantes _____ estadounidenses (American), pero otros son estudiantes internacionales. Por ejemplo, tenemos a Masako (_____ es japonesa), Jean-Paul (_____ es de Francia) y Rebekah (ella _____ de Israel). ¿En tu clase de español, son todos _____ estadounidenses (o, como se dice en España, ¿ _____ vosotros americanos?). Ojalá que puedas responder pronto. Buena suerte en los estudios.

Atentamente, Ben

WB1-5. Una respuesta Now, write two or three sentences in Spanish responding to Ben's questions and telling him a bit more about you and your Spanish class.

_____

_____

_____

_____

Funciones y estructuras: Describing people with adjectives

WB1-6. En mi opinión... Complete the following paragraph with the correct form of the adjectives provided.

Me llamo Jorge Rebaza Belén. Soy (1. a. joven b. jóvenes) y soy de un país muy (2. a. bonito b. bonita c. bonitas d. bonitos) que se llama Bolivia. Ahora soy estudiante de una universidad (3. a. grande b. grandes) en los Estados Unidos. Estudio matemáticas. Los cursos son (4. a. difícil b. difíciles), pero todos los profesores son (5. a. buen b. buena c. buenos d. buenas). Mi hermana, Estefanía, también estudia aquí. Ella es muy (6. a. simpático b. simpática c. simpáticos d. simpáticas) y (7. a. alegre b. alegres). En mi opinión, los estudiantes (8. a. estadounidense b. estadounidenses) son (9. a. amistoso b. amistosa c. amistosos d. amistosas) y (10. a. diligente b. diligentes).

WB1-7. Orígenes For each of the following people or groups of people, indicate where they are from and their nationality. Follow the model.

> **MODELO**   Cristina / España
> *Cristina es de España. Ella es española.*

1. Jorge y Mónica / México

_____

2. Esteban / Perú

_____

3. Zelma / Venezuela

_____

4. Edgardo y Edith / Argentina

_____

5. Guillermo / Cuba

_____

6. Sandra y mi profesora / Costa Rica

_____

7. La Dra. López / Colombia

_____

8. Dolores y Noelia / Ecuador

_____

9. Los Torres / la República Dominicana

_____

10. Martín / Guatemala

_____

Escritura

Phrases/Functions: describing people
Vocabulary: people; nationality
Grammar: verbs: **ser**

WB1-8. Mi mejor *(best)* amigo(a) y yo Your professor would like to know more about you and your best friend. In particular, he/she wants to know about the following things:

- your name, middle name, and last names
- your dates of birth
- your nationalities
- your personalities (both positive and negative traits)

Paso 1: Preparación Look at the information points mentioned above and think about what you can say about yourself and about your best friend. Write these ideas down in a logical order.

Paso 2: El borrador Write the first draft of your description.

Paso 3: Revisión Consider the following questions in order to revise the **borrador.**

1. Did you provide enough information for each of the four points? Is it necessary to include more details?
2. Would you change the organization of your description?
3. Did you use the appropriate vocabulary you learned in this **Tema**? Do the forms of **ser** agree with the subject? And do adjectives agree in number and gender with the noun they describe?

Paso 4: La versión final Based on the answers to the previous questions, make the necessary changes and incorporate any new ideas that you have thought of. Before you hand in the final version of your description, read it one more time and check for spelling errors.

Tema 2 Ocupaciones

Vocabulario: Profesiones y ocupaciones

WB1-9. Identifica la profesión Look at the drawings and write the profession in the space provided.

1. _____   2. _____   3. _____

4. _____

5. _____

WB1-10. ¿Cuál no pertenece? Circle the item that does not belong in each group.

Optional challenge: Replace the item with a more suitable one.

1. enfermero, dentista, abogado _____

2. cocinera, mesera, peluquera _____

3. arquitecto, ingeniero, vendedor _____

4. recepcionista, empleada doméstica, contable _____

5. mujer de negocios, contable, periodista _____

WB1-11. ¿Quiénes trabajan aquí? Complete the chart with the professions of the people who are likely to work in each one of the following places. (Mention at least two per location.)

Hospital	Tienda	Restaurante

Funciones y estructuras: Talking about daily activities with simple present tense -ar verbs

WB1-12. Un horario lleno Look over Marcos's schedule for the week on page 12 and write what he would tell you about his obligations for the week.

Marcos dice:

1. «Los sábados a las dos de la tarde yo _____.»

2. «Todos los días yo _____ antes de mis clases.»

3. «Los sábados por la noche Elena _____.»

4. «Todas las tardes yo _____.»

5. «Los domingos mi madre y yo _____ juntos.»

6. «Los miércoles por la mañana Sergio y yo _____.»

7. «Todas las noches, desde las diez hasta las doce, yo _____.»

8. «Los sábados por la mañana yo _____.»

	lunes	martes	miércoles	jueves	viernes	sábado	domingo
6:00		cuidar a Diana		cuidar a Diana			
7:00		↓	desayunar	↓	desayunar		
8:00	desayunar	desayunar	drama	desayunar	drama		
9:00	química	química	química	química	química	limpiar	
10:00		ingeniería	hablar con Sergio	ingeniería			
11:00	historia	↓	historia	↓			
12:00	↓		↓				
13:00							
14:00	literatura	literatura	literatura	literatura	literatura	tocar piano	
15:00	trabajar	trabajar	trabajar	trabajar	trabajar	↓	
16:00	↓	↓	↓	↓	↓		
17:00	↓	↓	↓	↓	↓		
18:00							
19:00							cenar con mamá
20:00							↓
21:00						Elena: baile	↓
22:00	estudiar	estudiar	estudiar	estudiar		↓	estudiar
23:00	↓	↓	↓	↓		↓	↓
24:00	↓	↓	↓	↓			

WB1-13. Los sábados Hernán is telling us about what he and his friends do on Saturdays. Use the information provided to form logical sentences. Make sure to conjugate the verbs in the correct form.

1. Delia / contestar / las llamadas / en un centro comunitario

   _____

2. mi amiga Selena y yo / escuchar / música / en mi apartamento

   _____

3. José Antonio / enseñar / francés / en su barrio

   _____

4. Laura y su padre / caminar / por el parque

   _____

5. Eusebio / preparar / las lecciones de español

   _____

6. Carmelo y Raquel / manejar / a la casa de la Sra. Romero

   _____

Funciones y estructuras: Talking about daily activities with simple present tense -*er* and -*ir* verbs

WB1-14. ¡Aquí no es así! A group of college students from Spain have come to visit your Spanish class to learn more about U.S. customs. Respond positively or negatively to the questions they ask you. If you answer in the negative, tell them what *is* done. Follow the model.

MODELO   En la universidad, ¿estudias tú mucho?
Sí, estudio mucho. o No, no estudio mucho; estudio muy poco.

1. Tus compañeros y tú, ¿leen el periódico?

_____

2. En la clase de español, ¿comes tú?

_____

3. Los estudiantes de aquí, ¿corren de clase a clase?

_____

4. ¿Vives tú en una residencia estudiantil?

_____

5. ¿Beben los estudiantes café en clase?

_____

6. Para recibir buenas notas *(good grades)*, ¿ustedes deben estudiar todos los días?

_____

7. ¿Asisten a clase todos los días tus amigos y tú?

_____

8. ¿Compartes tú la mesa con los profesores en la cafetería?

_____

WB1-15. Una carta a casa Write the correct form of the verbs in parentheses.

21 de octubre

Queridos padres:

Todo va bien aquí en la universidad. Estefanía y yo _____ (leer) todas las noches y _____ (escribir) muchas composiciones. Yo _____ (comprender) todo lo que los profesores _____ (enseñar). Todos los estudiantes _____ (estudiar) mucho y _____ (trabajar) los fines de semana. Yo _____ (caminar) a todas mis clases.

Mis compañeros de cuarto (roommates) _____ (ser) excelentes. Patrick y Jess _____ (ser) de Canadá y la familia de Jess _____ (vivir) en Maryland.

Nosotros generalmente _____ (comer) juntos en la cafetería y a veces Estefanía y sus amigas _____ (comer) con nosotros. Otras veces ellas _____ (cocinar) mientras yo _____ (mirar) las noticias en la televisión, y después nosotros _____ (limpiar) la cocina (the kitchen) juntos.

Los echo de menos. Un abrazo fuerte,

Jorge

Escritura

Phrases/Functions: talking about the present
Vocabulary: professions; trades; leisure
Grammar: verbs: present tense

WB1-16. En el trabajo y en el tiempo libre *(free time)* A newly arrived student from a Spanish-speaking country has asked you to explain how people's work life is different from their personal life in the U.S. Tell the student what three of the following people/groups do *at work* and how that is different from what they do *at home* in their free time: **tú, tus profesores, tus compañeros de clase, tu madre/padre, tu mejor amigo(a).**

Paso 1: Preparación After you decide whom to write about, think about what these people *do* and *do not* do at work and in their free time. Jot down your ideas on a separate sheet of paper.

Paso 2: El borrador Using the ideas you jotted down in the **Preparación** section, write the first draft of your description.

Paso 3: Revisión Revise your first draft according to the following criteria:

1. accuracy and quality of the information provided (Could anything else be said? Is the information true?)
2. structure of the description (Is it logically organized from beginning to end?)
3. vocabulary and grammar (Did you incorporate vocabulary from this **Tema**? Are the verbs correctly conjugated?)

Paso 4: La versión final Make the necessary changes and incorporate any new ideas that you have thought of. Before you hand in the final version of your description, read it one more time and check for spelling errors.

Tema 3 Intereses personales

Vocabulario: Los pasatiempos

WB1-17. Asociaciones Match the places and things on the left with the activities on the right.

_____ 1. la televisión   a. pasear

_____ 2. un libro   b. tocar

_____ 3. por el parque   c. mirar

_____ 4. un instrumento   d. charlar

_____ 5. música   e. navegar

_____ 6. por el Internet   f. escuchar

_____ 7. por teléfono   g. leer

WB1-18. ¿Qué hacen? Look at each pair of drawings and their matching descriptions. For each, supply the appropriate missing words in Spanish.

1. Los sábados y domingos Jesús y Ana _____, pero los

   otros días _____ mucho.

2. Por la mañana, Susana _____ y por la noche

   ella _____.

3. Esteban _____ y _____ en su

   tiempo libre.

4. Los Martínez usualmente _____, pero los

   viernes ellos _____.

WB1-19. Mis pasatiempos Make a list of your pastimes. Then, using the list, write two short paragraphs describing when you and your friends do these activities.

¿Cuáles son tus pasatiempos cuando estás solo(a)?	¿Cuáles son tus pasatiempos cuando estás con tus amigos(as)?
1.	1.
2.	2.
3.	3.
4.	4.
5.	5.

En mi tiempo libre, generalmente yo...

_____

_____

_____

Mis amigos y yo...

_____

_____

_____

Nombre _____ **Fecha** _____

Funciones y estructuras: Expressing negation

WB1-20. Mi amiga Natalia Read what Jennifer says about her friend Natalia and fill in the blanks with the words from the list. (You may use each word only once.)

ni   no   nadie   nunca   tampoco

Mi amiga Natalia _____ es común; ella es muy extraña *(strange)*. Ella _____ quiere

ver televisión ni _____ pasea conmigo *(with me)* y con mi perro. Además, ella ni escucha música

moderna _____ navega por el Internet. ¡Y en su casa hay una computadora nueva! Es muy rara,

la pobre. _____ comprende por qué *(why)* ella es así.

WB1-21. Comparaciones First, make a list of five things you never do on weekdays. Then, indicate whether your best friend does or does not do those activities. Pay attention to the use of negative words and follow the model.

> MODELO   *Yo nunca cocino y mi amiga Lisa tampoco cocina.*
> *Yo ni trabajo ni estudio, pero Lisa trabaja y estudia.*

1. _____
2. _____
3. _____
4. _____
5. _____

Funciones y estructuras: Exchanging information and asking questions with interrogative word

WB1-22. Entrevista básica You have been asked to interview in Spanish two new students from El Salvador, José María and Silvia. Take the statements below and convert each into a *yes/no* type question, following the model.

> MODELO   El béisbol es popular en El Salvador.
> *¿Es popular el béisbol en El Salvador?* o *El béisbol es popular en El Salvador, ¿no?* o *El béisbol es popular en El Salvador, ¿verdad?* o *El béisbol es popular en El Salvador, ¿cierto?*

1. Ustedes estudian biología en la universidad.

   _____

2. Muchos de sus amigos escuchan música salsa.

   _____

3. Uds. son salvadoreños.

   _____

4. Con frecuencia Uds. navegan por el Internet.

   _____

5. Tú (José María) tocas un instrumento.

   _____

6. Los dos hablan inglés muy bien.

WB1-23. ¿Qué pasa aquí? Some of the members of your Spanish class have been asked to put together a list of questions to ask José María and Silvia. Choose words from the list to complete the questions.

Cómo   Dónde   Cuándo   A qué hora   Quién

De dónde   Por qué   Cuánto(a/os/as)   Cuál

1. —¿_____ se llaman Uds.?

   —Me llamo Silvia Ángela Torres.

   —Y yo soy José María Machado Gómez.

2. —¿_____ estudias biología, Silvia?

   —Porque quiero ser doctora.

3. —¿_____ son Uds.?

   —De El Salvador.

4. —¿_____ años tienen Uds.?

   —Yo tengo 21 y Silvia tiene 23.

5. —¿_____ es tu deporte favorito, José María?

   —Me gusta mucho jugar al fútbol y, de vez en cuando, juego al básquetbol.

6. —¿_____ tocas la guitarra esta noche, Silvia?

   —En el auditorio de la universidad.

Lectura

WB1-24. Cómo usar mejor el tiempo libre

Antes de leer

1. By looking at the titles and subtitles, what do you think this article is about?
   a. Alternative sports for young people
   b. Helping young people make better use of their spare time
   c. Governmental program helps troubled youth

2. Now, quickly scan the article, circling all of the cognates you find.

Los jóvenes y el tiempo libre

Aunque los jóvenes tienen muchas obligaciones (la escuela, los quehaceres del hogar, etc.), también tienen mucho más tiempo libre que los adultos. Las estadísticas revelan que los jóvenes mexicanos tienen aproximadamente un 34% de su tiempo libre y que usan ese tiempo principalmente para ver televisión, para practicar deportes y para reunirse con amigos.

Recientemente, el ocio de los jóvenes se ha convertido en un tema preocupante para las autoridades, ya que de acuerdo con reportes oficiales, el uso inadecuado del tiempo libre de la juventud, está asociado con serios problemas sociales como los accidentes, el uso de alcohol y drogas, y también con disturbios y peleas.

Para resolver este problema, la Comisión Nacional del Deporte ha creado un programa especial para jóvenes entre catorce y treinta años empleen su tiempo libre de una manera más constructiva. Se trata de el programa "Ocio y compromiso" que desde el año 2003 ha sido implementado con éxito en varias ciudades mexicanas.

El programa "Ocio y compromiso" incluye una serie de actividades que invitan a los jóvenes a participar en iniciativas que tienen que ver con las necesidades de la comunidad. En algunos casos estos jóvenes son invitados a participar en tareas como la limpieza y mejoramiento de espacios públicos como plazas, iglesias y centros comunitarios. En otros, se trata de labores voluntarias para apoyo a centros para huérfanos (orphans) o para personas de la tercera edad. También existen iniciativas dirigidas al servicio social en coordinación con instituciones de caridad (charity) y beneficencia.

Las autoridades locales reportan un gran éxito de este programa, con una clara reducción de los índices de delincuencia y de disturbios juveniles. Los jóvenes participantes también han expresado una gran satisfacción al usar sus ratos de ocio para el beneficio de su comunidad. Este año, el programa será implementado en diez nuevas comunidades en diferentes partes del país. Se espera que con este tipo de iniciativas, los jóvenes mexicanos puedan encontrar mejores alternativas para el uso productivo de su tiempo libre.

A leer

3. Select the best answer:
   a. The initiative "Ocio y compromiso" is likely to refer to a governmental program for
      i. young people
      ii. troubled youth
      iii. handicapped children

   b. What age groups are targeted by this program?
      i. 14–30
      ii. 13–21
      iii. 7–18

   c. Where is this initiative taking place?
      i. Colombia
      ii. Spain
      iii. Mexico

   d. The initiative…
      i. is brand new
      ii. has been in effect for several years
      iii. will be implemented shortly

4. List three of the problems mentioned in this article resulting from inappropriate use of free time among Mexican youth.

   1. _____

   2. _____

   3. _____

5. What types of activities are promoted by this governmental program? Mention at least two.

   1. _____

   2. _____

6. Guess the meaning of the highlighted words:
   a. En algunos casos estos jóvenes son invitados a participar en tareas como la **limpieza** y mejoramiento de espacios públicos como plazas, iglesias y centros comunitarios.
      i. cleaning
      ii. designing
      iii. guarding

   b. Se trata de labores voluntarias para apoyo a centros para huérfanos o para **personas de la tercera edad.**
      i. senior citizens
      ii. sick people
      iii. inmates

   c. Las autoridades locales reportan un gran **éxito** de este programa.
      i. increase
      ii. initiative
      iii. success

7. What evidence is provided in support of the benefits of this program?

   _____

   _____

Después de leer

8. Do you make positive use of your free time? In Spanish, write two or three sentences describing what you do in your spare time.

   _____

   _____

   _____

   _____

   _____

   _____

Autoexamen

Vocabulario

WB1-25. ¿Qué información necesita? Match the category on the left with the question on the right.

___ 1. apellido
___ 2. 25/08/87
___ 3. nacionalidad
___ 4. domicilio
___ 5. profesión

a. ¿Qué hace Ud.?
b. ¿Dónde vive?
c. ¿De dónde es Ud.?
d. ¿Cuándo nació?
e. ¿Cómo se llama Ud.?

WB1-26. ¿Quién es? Identify the profession.

1. Representa legalmente a las personas: _____

2. Examina y cura a los pacientes: _____

3. Toma el pedido de los clientes y les sirve la comida: _____

4. Maneja un autobús o un taxi y lleva a los pasajeros a su destino: _____

5. Trabaja en una tienda, atiende a los clientes y los ayuda con sus compras: _____

WB1-27. Nuestros pasatiempos Complete the sentences with the most appropriate pastime from the list below. Note: Do not forget to conjugate the verb according to the subject of the sentence!

navegar por el Internet   correr   ver televisión

tocar la guitarra   charlar por teléfono   leer libros

1. Tengo muchos amigos. Por eso en mi tiempo libre _____.

2. A Esteban le gustan las computadoras; por eso en su tiempo libre él _____.

3. Silvia y Adelaida son muy activas; por eso ellas _____ todos los fines de semana.

4. A Juan Carlos y a mí nos encanta la música; por eso nosotros _____.

5. Francisco y su esposa son muy intelectuales; por eso ellos _____ en su tiempo libre.

Funciones y estructuras

WB1-28. ¿Cómo debe ser? Give the correct form of the word or phrase in parentheses.

1. Esta chica es mi nueva amiga, Leonor. Ella es _____ (boliviano).

2. Los abogados _____ (representar) a los criminales.

3. ¿_____ (Cuánto) dólares tiene Ud.?

4. La profesora nueva se _____ (llamar) la Dra. Andrade.

5. _____ (El/La/Los/Las) apellidos son Fernández y Garmendia.

6. Yo _____ (ser) de Chile y mis amigos _____ (ser) de Los Ángeles.

7. Para mí, las novelas españolas son muy _____ (interesante).

8. Esta mujer es _____ (arquitecto) y esos hombres son _____ (periodista).

9. Para esta clase, nosotros _____ (leer) muchos libros y artículos, y _____ (escribir) muchas composiciones.

10. No hay _____ (ningún/ninguna/ningunos/ningunas) problema con esa persona.

WB1-29. Preguntas Respond to the following questions in complete Spanish sentences.

1. ¿Eres tú profesor de la universidad?

   _____

2. ¿Dónde estudias con tus amigos?

   _____

3. ¿Qué hace *(does)* un ingeniero?

   _____

4. ¿Cuál es tu fecha de nacimiento?

   _____

5. ¿Qué haces *(you do)* con tus amigos durante las vacaciones?

   _____

Cultura

WB1-30. Un poco de historia Answer the following questions about the history of the Spanish-speaking world.

1. Name the two most important pre-Columbian indigenous groups in Latin America.

   _____

2. How long was the colonial rule of Spain in Latin America?

   _____

3. When did most Latin American countries become independent from Spain?

   _____

4. Name one of the most prominent Latin American heroes in the search for independence.

   _____

5. How can you explain the ethnic and cultural diversity of Latin America?

   _____

Capítulo 2 En familia

Tema 1 Ésta es mi familia

Vocabulario: Los miembros de la familia

WB2-1. La familia For each of the following descriptions, identify the family member.

1. Mi padre es el hijo de mis _____.

2. Mi madre es la esposa de mi _____.

3. La esposa de mi hermano es mi _____.

4. Los padres de mi esposo son mis _____.

5. El hijo de mis padres es mi _____.

6. Los niños de mi hijo son mis _____.

7. La nueva esposa de mi padre es mi _____.

WB2-2. ¿Quiénes son? How well do you know some of the famous families in the world? For each of the following famous families, state the relationship that exists.

> **MODELO** Nicolás, Anastasia
> *Son padre e hija.*

1. Elizabeth II, el Príncipe *(Prince)* William

_____

2. el Rey Juan Carlos, la Reina Sofía

_____

3. George W. Bush, Jeb Bush

_____

4. Joan Rivers, Melissa Rivers

_____

5. Arnold Schwarzenegger, Eunice (Kennedy) Shriver

_____

WB2-3. Mi familia You would like to ask some of your new Spanish-speaking friends about their families. Complete the questions with an appropriate interrogative word from the list below. Then, answer them according to *your own* family situation.

cómo   cuál(es)   cuándo   cuánto(a/os/as)   de dónde

dónde   por qué   qué   quién(es)

MODELO   *¿Qué carrera / especialidad estudia tu primo?*
Mi primo estudia biología.

1. ¿_____ hermanos tienes tú?

   _____

2. ¿_____ viven tus tíos?

   _____

3. ¿_____ se llaman tus padres?

   _____

4. ¿_____ son tus parientes?

   _____

5. ¿_____ es la profesión de tu pariente favorito?

   _____

6. ¿_____ primas tienes?

   _____

7. ¿_____ son los apellidos de tus abuelos?

   _____

8. ¿_____ trabaja tu padre?

   _____

Funciones y estructuras: Describing physical appearance with adjectives and the verbs *ser* and *tener*

WB2-4. Una carta de presentación At the top of the next page is a portion of a letter that your instructor received in a batch of pen-pal letters. As a prank, the letter writer, Teresa, left out every occurrence of the verbs **ser** and **tener**.

1. In order to understand the letter, fill in the blanks with the correct form of **ser** or **tener** according to the context.

2. Now, check your understanding of the letter by identifying the following statements as **cierto (C)** or **falso (F)** according to the letter.

   _____ a. Hay seis personas en la familia de Teresa.

   _____ b. Muchos de los parientes de Pepe viven en el norte de España.

   _____ c. Las abuelas de Teresa son mayores.

   _____ d. Antonio Marcel es psicólogo.

...Toda mi familia _____ de San Sebastián, España. Hay cinco personas en mi familia: (yo) _____ dos hermanos mayores y una hermana menor. Mi madre ya murió. Mi padre se llama Antonio Marcel; mis hermanos _____ Javier y José Antonio y mi hermana _____ Amalia. Yo _____ 22 años; Amalia _____ 17 años; mis hermanos son mellizos idénticos y _____ 25 años y mi padre _____ 53 años —no _____ tan mayor como los padres de mis amigos. Todos los hijos —mis hermanos y yo— _____ estudiantes todavía y mi padre _____ ingeniero civil aquí en San Sebastián. Nosotros _____ muchos parientes que viven cerca de nosotros en el norte de España —en San Sebastián, Santiago de Compostela y Barcelona. Mis dos abuelas están en nuestra ciudad; no _____ muy activas porque las dos _____ más de 80 años. Yo _____ un amigo que _____ muy guapo e inteligente —él se llama Pepe, _____ 22 años también y _____ estudiante de psicología. No _____ español; _____ de Venezuela, pero estudia aquí porque _____ un tío rico aquí que le paga la educación...

WB2-5. Sopa de palabras If you were given the following groups of words, how could you put them together to make accurate descriptions of your immediate and extended family? For each group, put the verbs in the correct forms, make sure the descriptors agree, and add additional words as necessary. If a certain group of words does not apply to your family situation, create a new phrase that does apply.

> **MODELO** mi prima... / ser... / y / tener / pelo...
> *Mi prima Susana es delgada y tiene pelo negro.*

1. yo / tener / ...años / y / ser / alto (bajo)

_____

2. yo / tener / familia / grande (pequeño)

_____

3. mi(s) hermano/a(s) / ser... / y / tener / ...años

_____

4. mis parientes / ser / de...

_____

5. mis / abuelos / tener / ...años / y / (no) ser / muy activos

_____

6. mis tíos / llamarse... / y / tener / ...hijo(s)

_____

Funciones y estructuras: Expressing possession

WB2-6. ¿De quiénes son? One of your new Spanish-speaking friends is not getting the point as you talk to him. Use the correct form of the possessive pronouns (**mi, tu, su, nuestro, vuestro**) in the sentences below to make things clear to your friend.

MODELO   Tú tienes muchos parientes; *tu* familia es muy grande.

1. Tengo dos perros; son _____ perros.

2. Es el libro de la profesora; es _____ libro.

3. Son alumnos de nuestra universidad; son _____ compañeros.

4. Es el cumpleaños de él y de ella; es _____ cumpleaños.

5. ¿Es abuela de vosotros? ¿Es _____ abuela?

6. ¿Tienes tú tres coches? ¿Cómo son _____ coches?

7. Ellas son las secretarias del gerente; son _____ secretarias.

8. Ella es la jefa del gerente; es _____ jefa.

9. Tengo un hermano y tres hermanas; así es _____ familia.

10. La casa de nosotros es muy bonita; me gusta _____ casa.

WB2-7. Situaciones Read the clues below and fill in the blanks with the appropriate possessive adjectives.

1. Sofía saw a picture of two little girls on Luis's desk.

    SOFÍA: ¿Son _____ hijas?

    LUIS: No, son _____ sobrinas, las hijas de mi hermano.

2. Juan Alberto thinks he found the book he lost a while ago.

    JUAN ALBERTO: Meche, ¿es _____ libro?

    MECHE: ¡Ah, sí! Ése es _____ libro.

3. Nora is picking up the group's checks.

    NORA: Sr. Rivas, ¿tiene Ud. _____ cheques?

    SR. RIVAS: No, _____ cheques no están listos *(ready)*.

4. Prof. Salazar wants to know if her students have their homework.

    PROF. SALAZAR: Estudiantes, ¿tienen Uds. _____ tareas?

    AGUSTÍN: ¡Por supuesto! Siempre tenemos _____ tareas.

5. Yolanda and Leonardo are talking about cars.

    YOLANDA: Leonardo, ¿_____ carro es similar al de Pepe?

    LEONARDO: No, _____ carro es rojo; el de Pepe es azul.

Escritura

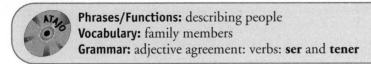

Phrases/Functions: describing people
Vocabulary: family members
Grammar: adjective agreement: verbs: **ser** and **tener**

WB2-8. Los miembros de mi familia You are going to spend next summer in Ciudad de México, and the host family wants to know more about your own family. Provide them with a detailed description of each family member, including:

- complete names
- age
- physical characteristics
- personality

Paso 1: Preparación Look at the information points mentioned above and think about what you can say regarding the members of your family. Write these ideas down in logical order.

Paso 2: El borrador Write the first draft of your description.

Paso 3: Revisión Consider the following questions in order to revise the **borrador.**

1. Did you provide enough details for each of the four points? Do you have to include more details?
2. Would you change the organization of your description?
3. Did you use the appropriate vocabulary you learned in this **Tema**? Did you use **ser** and **tener** appropriately? Are these verbs conjugated correctly? Do adjectives agree in number and gender with the noun they describe?

Paso 4: La versión final Based on the answers to the previous questions, make the necessary changes and incorporate any new ideas that you have thought of. Before you hand in the final version of your description, read it one more time and check for spelling errors.

Tema 2 La personalidad

Vocabulario: Los rasgos personales

WB2-9. Antónimos Help your classmates understand the personality descriptions in the first column by matching them with the opposite description in the second column.

_____ 1. extrovertido

_____ 2. gracioso

_____ 3. diligente

_____ 4. bueno

_____ 5. inteligente

a. tímido

b. perezoso

c. serio

d. tonto

e. malo

WB2-10. Descripciones Now, show your classmates how to apply these descriptive words by using the correct combinations to describe these famous/fictional people.

1. Con frecuencia, las abuelas son _____; no son _____.

2. Chris Rock es _____; no es _____.

3. Mucha gente mayor piensa que los jóvenes de hoy son _____ y que no son _____.

4. Para muchos, Donald Trump es _____ y nunca _____.

WB2-11. Así soy yo Using the words below, list your personal traits. Then summarize the information in a short paragraph.

bueno   diligente   gracioso   inteligente   listo   malo

perezoso   tímido   tonto   trabajador   serio   simpático

Soy...	No soy...
1.	1.
2.	2.
3.	3.
4.	4.

Yo _____

_____

_____

_____

_____

Funciones y estructuras: Talking about location, conditions, and emotional states with the verbs *estar* and *tener*

WB2-12. ¿Cómo están? Your instructor has asked your class to provide captions for some drawings to appear in a Spanish-language children's magazine. Help your classmates complete the captions by using appropriate combinations of the verb **estar** or **tener** and the following descriptive words.

calor   cansado   deprimido   enfermo   enojado   feliz   frío   hambre   listo

loco   nervioso   sed   sueño   triste

MODELO   Cuando mira una película de horror, Josefina *está aburrida*, pero Javier *tiene miedo.*

1. Hoy, la Sra. Delgado _____, pero la Sra. Jenkins _____.

2. Los Ramos nunca están de acuerdo. Por ejemplo, hoy doña Matilde _____, mientras que don Carlos _____.

3. Hay examen en la clase de español hoy. Luisa _____ y Gregorio _____. Como siempre, Ana María e Isabel _____.

4. Miguelito y su hermano Paco _____ hoy y su mamá _____.

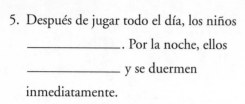

5. Después de jugar todo el día, los niños _____. Por la noche, ellos _____ y se duermen inmediatamente.

6. Después de la carrera *(race)*, Evita y Manolo _____, pero también _____ por haber ganado *(having won)*.

WB2-13. ¿Qué se hace? Often our physical or emotional state plays an important part in the activities in which we participate. Complete the following phrases logically according to your experience.

MODELO   Cuando estoy deprimido(a), *miro programas cómicos en la tele.*

1. Cuando estoy feliz, yo _____.

2. Si los estudiantes están nerviosos antes de un examen, ellos _____.

3. Cuando mis padres están enojados, _____.

4. Si estoy triste, yo _____.

5. Cuando estamos enfermos, nosotros _____.

Funciones y estructuras: Talking about likes and dislikes with *gustar*

WB2-14. Eres redactor(a) Another Spanish student has asked for your help in creating a series of questions for interviewing a group of students from Bolivia. Help this student create good questions by filling in the blanks in the questions.

MODELO   Berto y Elena, ¿*a* Uds. *les gusta* estudiar aquí?

1. ¿A los bolivianos ____ gusta jugar al fútbol?

2. ¿____ _____ ir a fiestas, Elena?

3. Elena, ¿____ los amigos de Berto ____ gusta más mirar películas o comer en buenos restaurantes?

4. ¿A Uds. les _____ las universidades norteamericanas?

5. Elena, a ti ____ _____ la política, ¿no?

6. Berto, ¿qué tipo de libros ____ _____ a Elena?

WB2-15. Las respuestas Now, provide a positive or negative reply to each of the above questions as Berto, Elena or both might reply. Answer in complete sentences!

MODELO   *Sí, nos gusta mucho estudiar aquí. ¡Por supuesto!*

1. _____

2. _____

3. _____

4. _____

5. _____

6. _____

Escritura

> **Phrases/Functions:** describing people; talking about the present
> **Vocabulary:** family members; personality
> **Grammar:** adjective agreement; verbs: **ser, estar,** and **tener;** present tense

WB2-16. Más sobre los miembros de mi familia The Mexican family with which you are staying next summer replied to your letter. They want to know more about your family, particularly about:

- their personality
- how they show their emotions (e.g., *Cuando mi madre está contenta, ella…*)
- how they react in specific situations (e.g., *Cuando mi hermano tiene hambre, él…*)
- their likes and dislikes

Paso 1: Preparación After you reread the description you wrote for activity 2-8, think about what your family members are like, how they show their emotions, how they react to specific situations, and their likes and dislikes. Write down your ideas in an organized fashion.

Paso 2: El borrador Using the ideas you wrote down in the **Preparación** section, write the first draft of your description.

Paso 3: Revisión Revise your first draft according to the following criteria:

1. accuracy and quality of the information provided (Could anything else be said? Is the information true?)
2. structure of the description (Is it logically organized from beginning to end?)
3. vocabulary and grammar (Did you incorporate vocabulary from this **Tema**? Did you use the verbs **ser, estar,** and **tener** appropriately? Are they correctly conjugated?)

Paso 4: La versión final Make the necessary changes and incorporate any new ideas that you have thought of. Before you hand in the final version of your description, read it one more time and check for spelling errors.

Tema 3 Nuestra casa

Vocabulario: Los espacios y los muebles de una casa

WB2-17. Definiciones A Spanish-speaking friend is quizzing you on your vocabulary!

Respond to each definition with the appropriate item name in Spanish.

1. En este cuarto se prepara la comida. _____

2. Es donde se estaciona el automóvil. _____

3. Es el cuarto en que se duerme por la noche. _____

4. Es la cosa que se usa para ir del primer piso de una casa al segundo piso. En los edificios muy altos, es más común usar el ascensor. _____

5. Es lo que produce un pintor. _____

6. Es un aparato que se usa frecuentemente en la preparación de comida, en las casas, restaurantes, oficinas y residencias estudiantiles. Calienta rápidamente la comida. _____

7. Ponemos los libros aquí para organizarlos bien. _____

8. Por la noche, es necesario usar esta cosa para leer, estudiar o escribir. Muchas veces se coloca en las mesas, paredes o techos. _____

9. Es el mueble más importante del comedor. Pones los platos y cubiertos sobre este mueble.

   _____

10. Usamos esto para ver el jardín desde la parte interior de la casa. _____

WB2-18. La mudanza Imagine that you have to move to a Spanish-speaking country. Complete the following instructions to the movers who will be receiving your shipment. Tell them exactly where you want the different items to be placed.

> **MODELO** cajas *(boxes)* de fotos, ropa vieja, los juguetes de la niñez: *el ático*
>
> 1. sillón, sofá, lámpara, cuadro de Picasso: _____
>   _____
>
> 2. escritorio, lámpara pequeña, espejo, cama doble: _____
>
> 3. mesa grande y ocho sillas: _____
>
> 4. refrigerador, estufa, horno microondas: _____
>
> 5. bicicletas, productos para limpiar y para cuidar el coche: _____
>   _____

WB2-19. Electrodomésticos Imagine that you are setting up a Spanish registry page for a local store that specializes in electrical appliances. Provide a list of at least three suitable items for each of the following rooms:

Cocina	Sala	Recámara
1.	1.	1.
2.	2.	2.
3.	3.	3.

Funciones y estructuras: Talking about location with prepositions

WB2-20. Un cuarto desordenado Marisol's parents are exasperated! Whatever they do, they cannot get her to clean up her room at home. They are desperate and they have asked you to intervene. Calmly tell her what the problems are and suggest a better location for the out-of-place items.

1. «Marisol, la silla no debe estar _____. La silla

   va *(goes)* _____.»

2. «En mi opinión, no es buena idea tener los libros

   _____. Debes poner *(put)* los libros

   _____.»

3. «Increíble. ¿Por qué está el televisor _____?

   Debe estar _____, ¿no?»

4. «Amiga mía, la bicicleta no debe estar _____.

   ¿Por qué no pones la bicicleta _____?»

5. «No comprendo cómo es posible dormir con los platos

   sucios _____. Debes poner los platos _____.»

6. «Finalmente, Marisol, no es buena idea tener la ropa sucia _____. Debes poner la ropa

   _____.»

WB2-21. Geografía How much do you know about U.S. geography? Read each sentence and indicate if it is **cierta (C)** or **falsa (F).**

_____ 1. Colorado está entre Nevada y Utah.

_____ 2. Mississippi está al lado de Alabama.

_____ 3. Oregón está lejos de Ohio.

_____ 4. La ciudad de Chicago está en Idaho.

_____ 5. California está cerca de Arizona.

_____ 6. Tennessee está al lado de Oklahoma.

_____ 7. Montana está cerca de Texas.

_____ 8. La Florida está lejos de Georgia.

_____ 9. El capitolio está en el estado de Washington.

_____ 10. Minnesota está entre Dakota del Norte y Wisconsin.

Funciones y estructuras: Expressing obligation with *tener que*... and *hay que*...

WB2-22. Los quehaceres Read the clues and complete the sentences with a **tener** + **que** + *infinitive* structure and a logical house chore.

> **MODELO**   María no tiene blusas ni pantalones limpios. Ella *tiene que lavar la ropa.*

1. Nuestra casa está muy desorganizada. Nosotros _____.
2. Hay mucha basura en el piso (*floor*). Yo _____.
3. ¡El jardín es un desastre, especialmente el césped! Tú _____.
4. En este apartamento no hay ni un plato limpio. Ustedes _____.
5. ¡Huele (*It smells*) muy mal en esta cocina! Benito _____.
6. Los niños tienen hambre. Lorena y Betty _____.

WB2-23. Las obligaciones What are some of the things that *must* be done in the following places and circumstances? Write at least two sentences with **hay** + **que** + *infinitive* for each category.

En el trabajo	En una oficina
En la casa	**Para sacar buenas notas**
Para ser un(a) buen(a) amigo(a)	**Para ser un buen padre**

Lectura

WB2-24. Los anuncios Imagine that you have been hired by a multinational company to help with the relocation of its personnel to Spanish-speaking countries. Your assignment today is to help three employees with their move to Mexico.

Antes de leer

1. Rapidly scan through the ads and complete the chart below.

Apartments for sale	Apartments for rent

Las Marías: Apartamentos amueblados en renta en el área metropolitana

Sala-comedor, cocina equipada, una o dos recámaras, lavandería y cochera, climatizados, muebles de caoba, finamente decorados, servicio opcional de lavandería y aseo, casa club, gimnasio.

Informes al Tel. 81262455 Sra. Margarita

El Bosque

APARTAMENTOS NUEVOS en renta

APARTAMENTOS NUEVOS, tres recámaras, jardines, terraza, interfón, $500.00, $550.00 y $600.00 dls. 687-80-62, (044656)622-31-87, (044656)221-25-47.

Zona: México, D.F

Polanco

16 departamentos, arquitectura de vanguardia, dos niveles de estacionamiento y excelente ubicación.

En cada nivel se ubican cuatro departamentos que van desde los 123 m2 hasta los 164 m2 c/u se desarrolla en dos niveles, obteniendo una doble altura con sus escaleras internas. Los departamentos constan de sala, comedor, cocina abierta, cuarto de lavado y planchado medio baño y alacena, en el segundo nivel tiene dos recámaras con baño completo, los departamentos del segundo bloque con fachadas a los patios internos tiene aparte una sala de televisión.

Precio de venta:

$261.550 Pesos

Distrito Federal—Roma Norte

Condominio Residencial **Palma del Caribe**

Tiene tres recámaras, estudio, 2 baños y medio, sala comedor, cocina y cuarto de servicio lavado. Tiene dos lugares de estacionamiento, uno bajo techo y otro al aire libre. Tiene una superficie de 136.30 metros cuadrados, tiene 4 unidades de aire acondicionado tipo minisplit: uno en cada recámara y otro en el área de comedor-sala.

Precio de venta:
$170.000 Pesos

> **Torre Diamante**
>
> Apartamentos ubicados en excelente zona a 30 minutos de la capital, a la orilla de la Laguna Las Ilusiones. Casi nuevos, con excelentes acabados y recientemente renovados. Amueblados, cuentan con una o dos recámaras, lavaplatos, horno microondas, refrigerador, TV, lavadora y secadora, alcobas completas, cortinas, línea telefónica y aire acondicionado en todas las recámaras y áreas sociales. Disponibilidad de departamentos en diferentes pisos de la Torre. En áreas comunes piscina, asador, 2 salones de fiestas y jardines.
>
> **Precio de alquiler mensual:**
> $27.000 Pesos

A leer

Study the questions below and use them to guide you in reading the ads in more detail. Remember, you do not need to understand every word!

2. Which ad advertises the most amenities? The fewest?

_____

3. You already know the cognate **garaje.** In the ad for Las Marías you will find another word expressing the same meaning. What is it?

_____

4. Which ads seem to be targeted towards families with children? Justify your answer with one sentence in English.

_____

_____

5. In the ad for Torre Diamante you see the sentence «Casi nuevos, con excelentes acabados y recientemente **renovados.**» The verb **renovar** is a cognate (similar in form and meaning). What is this set of apartments advertising?

_____

6. Which apartment would be best-suited for the following employees?
   a. John Sanders. Single. No children. He prefers to rent, and he wants a place with amenities such as a pool, a gym, or a clubhouse.

   _____

   b. Mary Rogers. Married. One child. She would like to rent a condo in a suburb, away from the noise and pollution of the city.

   _____

   c. Anne Lipton. Married. No children. She wants to buy a spacious condo. Indoor parking for two cars would be a plus.

   _____

Después de leer

7. Now that you have looked at all the ads a few times, make educated guesses about some of the new vocabulary you have seen there. Circle the best meaning for the words in bold below. Make sure you plug the word you choose back into the context; if it does not fit, change it!

a. apartamentos **amueblados** (Las Marías)
located   furnished   upgraded

b. en el segundo **nivel** (Polanco)
floor   room   entrance

c. cuarto de **lavado y planchado** (Polanco)
cleaning and scrubbing   washing and drying   washing and ironing

d. **con fachada** a los patios internos (Polanco)
near   facing   with access to

e. Tiene dos lugares de estacionamiento, uno **bajo techo** y otro al aire libre (Palma del Caribe)
covered   low   rooftop

Autoexamen

Vocabulario

WB2-25. La casa Select the word or phrase that best answers the question or completes the sentence.

_____ 1. No es común tener... en el comedor.
    a. mesas   b. sillas   c. camas

_____ 2. Necesito comprar una… para mi cocina.
    a. mesa de noche   b. sofá   c. mesa

_____ 3. Esta casa tiene muchas ventanas y necesita muchas...
    a. cortinas   b. alfombras   c. estufas

_____ 4. ¿Cuántas... tiene este apartamento? ¿Dos o tres?
    a. casas   b. recámaras   c. calles

_____ 5. Lavo los platos en...
    a. el jardín   b. la cocina   c. la recámara

WB2-26. La familia de Paco Complete the sentences based on the diagram below.

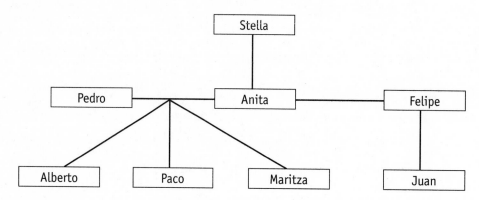

1. Stella es la _____ de Paco.

2. Juan es el _____ de Paco.

3. Pedro y Anita son sus _____.

4. Felipe es su _____.

5. Alberto y Maritza son sus _____.

WB2-27. Opuestos Indicate the opposite of the following personal attributes.

1. listo _____

2. tímido _____

3. perezoso _____

4. serio _____

5. alegre _____

Funciones y estructuras

WB2-28. ¿Cómo debe ser? Select the correct word or phrase from the options in parentheses.

1. Después de estudiar todo el día, (a. estamos b. tenemos) cansados.
2. (a. A mis padres b. Mis padres) les gusta trabajar en el jardín.
3. No (a. hay b. es) escritorio en la sala de clase.
4. (a. Nuestro b. Nuestra c. Nuestros d. Nuestras) tías siempre visitan los parques nacionales en agosto.
5. Mi hermanita tiene (a. como b. que) lavar los platos todos los días.
6. Me (a. gusta b. gustan) ver películas los viernes por la noche.
7. Ése es el hermano (a. de la b. del) Sr. Bautista.
8. Normalmente, las lámparas están (a. debajo de b. sobre) las mesitas.

WB2-29. Preguntas Match each question on the left with its most appropriate response on the right.

_____ 1. ¿Qué hay en una cocina?

_____ 2. ¿De quién son estos muebles?

_____ 3. En general, ¿cómo es la abuela de Diana?

_____ 4. ¿Cuándo tienes mucho calor?

_____ 5. ¿Qué es una «prima»?

_____ 6. Si tus padres te visitan en la residencia, ¿qué tienes que hacer?

_____ 7. ¿Cómo están tus amigos hoy?

_____ 8. ¿Qué hacen tus compañeros los sábados por la noche?

_____ 9. ¿De cuántos pisos es esa casa?

_____ 10. ¿Dónde están los libros de la clase?

a. Después de trabajar en el jardín todo el día.

b. En diciembre.

c. Es de cuatro, incluyendo el ático y el sótano.

d. Es la hija de un tío o una tía.

e. Es mayor y conservadora, pero muy sincera y simpática.

f. Ésta es mi silla, pero el sofá es de mis padres.

g. Están debajo del escritorio.

h. Están nerviosos porque hay examen mañana.

i. Hay camas y armarios.

j. Les gusta ver televisión en la sala.

k. Normalmente hay una estufa, un fregadero y un refrigerador.

l. Porque son los hermanos de sus padres.

m. Tengo que arreglar el cuarto.

Cultura

WB2-30. México Select the best alternative.

1. ¿Qué porcentaje de sus productos exporta México a los Estados Unidos?
   a. 30%
   b. 50%
   c. 80%

2. Aproximadamente, ¿cuántas personas en los Estados Unidos son de origen mexicano?
   a. 10 millones
   b. 20 millones
   c. 30 millones

3. Otro nombre para la Ciudad de México es...
   a. Distrito Principal
   b. Distrito Capital
   c. Distrito Federal

4. Un importante centro arqueológico de México es...
   a. Uxmal
   b. Tikal
   c. Machu Pichu

5. La principal industria de México es...
   a. el turismo
   b. las bananas y los productos agrícolas
   c. el petróleo

Capítulo 3 ¿Dónde y cuándo?

Tema 1 Orientándonos en la ciudad

Vocabulario: Lugares de interés

WB3-1. Papelitos With what type of place/establishment would you associate the following pieces of paper? Match the place to the related item.

¡Los viernes!

Entrada gratis para todas las mujeres

(Mayores de 18 años) Música salsa con Diego Santander

a

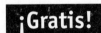 

¡Gratis!

Un (1) refresco con toda cena

(No válido para bebidas alcohólicas)

El Palacio del Rey

b

Entrada 1 @ $5,00

Exhibición de Escultura Pre-colombina

c

**FAVOR
DE NO
MOLESTAR**

d

1. pantalón $2

2. blusa $4

f

Parroquia San José

Horario de misas

Diarios: 9:00, 12:00, 17:30

Los domingos: 8:00, 9:30, 11:00, 12:30

El Padre Rafael Castanza

h

ATL

483726193847

e

Sala 2
15:00
EXCURSIÓN ESPACIAL
$8,00

g

MODELO *a* bar

_____ 1. aeropuerto

_____ 2. lavandería

_____ 3. cine

_____ 4. museo

_____ 5. hotel

_____ 6. restaurante

_____ 7. iglesia

WB3-2. ¿Dónde se ve...? Write a sentence telling where you normally see the following people or groups.

MODELO   artistas
         Normalmente vemos artistas en un cine o en un museo.

1. muchos abogados y sus clientes

   _____

2. estudiantes que necesitan comprar libros

   _____

3. conjuntos de música rock

   _____

4. profesores que necesitan investigar sobre historia

   _____

5. familias con niños pequeños los fines de semana

   _____

6. turistas que necesitan comprar recuerdos

   _____

7. atletas que quieren jugar al baloncesto

   _____

8. cocineros profesionales

   _____

9. mucha gente los domingos

   _____

10. familias que visitan la ciudad por dos semanas

    _____

WB3-3. Asociaciones Match the words in the first column with those in the second column.

____ 1. calle   a. andar en bicicleta, jugar fútbol

____ 2. cuadra   b. automóviles, buses

____ 3. edificio   c. automóviles, no encontrar espacios

____ 4. esquina   d. mucha gente los domingos, cantar, escuchar

____ 5. estacionamiento   e. cruzar la calle, semáforo

____ 6. iglesia   f. oficinas, apartamentos

____ 7. parque   g. rojo, amarillo, verde

____ 8. biblioteca   h. muchos libros, estudiar

____ 9. plaza   i. un grupo de casas, unas tiendas

____10. semáforo   j. vendedores, conciertos de músicos pobres

Funciones y estructuras: Talking about location and destination with the verbs *estar* and *ir*

WB3-4. El mapa de Puerto Rico Answer the following questions based on the following map of Puerto Rico. Describe where the places are in relation to the places in parentheses, using the expressions of location you already know or the expressions below.

al norte de *north of*   **al este de** *east of*
al sur de *south of*   **al oeste de** *west of*

MODELO   ¿Dónde está Adjuntas? (Ponce)
               Adjuntas está al norte de Ponce.

1. ¿Dónde está Arecibo? (Utuado)

   _____

2. ¿Dónde está Juncos? (San Juan y Humacao)

   _____

3. ¿Dónde está Mayagüez? (Aguadilla)

   _____

4. ¿Dónde está la isla de Vieques? (Yabucoa)

   _____

5. ¿Dónde está el Mar Caribe? (Santa Isabel)

   _____

WB3-5. Lugares favoritos For five of the following places, tell who typically goes there (including yourself!) and why, indicating interests, personalities, likes or professions as needed. You need to use each of the following verbs at least once in your sentences:

gustar   ser   tener interés en...

MODELO   oficina de turismo
Mi amigo va a la oficina de turismo porque tiene interés en ir a otros países.

1. el cine

_____

2. la iglesia

_____

3. el mercado

_____

4. la oficina de correos

_____

5. los museos

_____

6. el gimnasio

_____

7. la biblioteca

_____

Funciones y estructuras: Telling time

WB3-6. ¿Qué hora es? Write the time in numbers. Include **a.m.** or **p.m.**

MODELO   Son las cuatro y veinte de la tarde. *4:20 p.m.*

1. Son las siete de la mañana.   _____
2. Son las diez y cuarto de la noche.   _____
3. Son las cinco menos diez de la tarde.   _____
4. Es la una y media de la mañana.   _____
5. Son las seis y veinticinco de la tarde.   _____
6. Es la una menos veinte de la tarde.   _____
7. Son las ocho y media de la noche.   _____
8. Son las once menos cinco de la mañana.   _____
9. Es medianoche.   _____
10. Son las dos menos cuarto de la tarde.   _____

WB3-7. ¿A qué hora...? At what time do you normally do the following things on a typical Monday?

MODELO   ir a la universidad
Voy a la universidad a las diez y media de la mañana.

1. desayunar

_____

2. trabajar

_____

3. ir a la biblioteca

_____

4. mirar la televisión

_____

5. tener la clase de español

_____

6. cenar

_____

7. descansar

_____

8. ir al gimnasio

_____

Escritura

Phrases/Functions: describing places
Vocabulary: city, direction, and distance
Grammar: verbs: present; use of **estar**

WB3-8. El centro de mi pueblo o ciudad A pen pal from Puerto Rico wants you to describe the downtown area of your home town or city. Tell him/her about the main buildings and places in your town, their location, and how often you go there. You could also tell him/her how you feel about living in this place.

Paso 1: Preparación Take a few minutes to fill out the following chart.

edificios y lugares de interés	localización *(in relation to each other)*	frecuencia con que *(with which)* **yo voy**

Paso 2: El borrador Using the information you included in the chart, write the first draft of your description.

Paso 3: Revisión Revise your first draft according to the following criteria:

1. accuracy and quality of the information provided (Could anything else be said? Is the information true?)
2. structure of the description (Is it logically organized from beginning to end?)
3. vocabulary and grammar (Did you incorporate enough vocabulary from this **Tema**? Are you using **estar** and **ir** appropriately?)

Paso 4: La versión final Make the necessary changes and incorporate any new ideas that you have thought of. Before you hand in the final version of your description, read it one more time and check for spelling errors.

Tema 2 De compras

Vocabulario: Las compras y las formas de pago

WB3-9. Aquí es así Explain the different ways of paying for items or services here in the U.S. to a visiting tourist from a Spanish-speaking country. Complete each sentence logically by choosing a form of payment from the list below. Complete your sentences with a verb like **deber, tener que** + *infinitive,* or **necesitar.**

MODELO   Si necesitas comprar una lata de Coca-Cola de una máquina,
         debes usar efectivo.

cheque   cheque de viajero   efectivo   tarjeta de crédito

1. Si quieres tomar el autobús al centro de la ciudad,

   _____

2. Cuando necesitas comprar los libros para las clases,

   _____

3. En los restaurantes de comida rápida,

   _____

4. Para comprar algo por el Internet,

   _____

5. Para hacer las compras en los supermercados,

   _____

6. Para hacer la reservación en un hotel,

   _____

7. Si quieres comprar una computadora,

   _____

8. Cuando necesitas pagar los impuestos federales al IRS,

   _____

WB3-10. ¿Quién habla? Indicate who is the speaker in each case. Write **D** for **dependiente** or **C** for **cliente** next to each sentence.

1. Busco una camisa. ____   4. Vuelva pronto. ____

2. Son cincuenta dólares. ____   5. ¿En qué puedo servirle? ____

3. No aceptamos Discover. ____   6. ¿Tiene esta camisa en color verde? ____

WB3-11. De compras Imagine that you are at a department store shopping for shoes.

Complete the following conversation.

DEPENDIENTE: (1)_____

TÚ: Busco un par de zapatos.

DEPENDIENTE: (2)_____

TÚ: Negro, por favor.

DEPENDIENTE: (3)_____

TÚ: Talla 7.

Unos dos minutos después…

DEPENDIENTE: Aquí los tiene.

TÚ: Gracias. ¡Me quedan perfectos! ¿Cuánto cuestan?

DEPENDIENTE: (4)_____

TÚ: ¿Aceptan cheques?

DEPENDIENTE: No, lo sentimos mucho. Solamente aceptamos (5)_____.

Funciones y estructuras: Talking about daily activities with irregular *yo* form verbs

WB3-12. Contrastes Show how the following people differ in their habits by completing each statement with the appropriate verb from the list below.

MODELO Después de comprar algo, mi madre *pone* su dinero en la bolsa; en cambio, yo *pongo* el dinero en el bolsillo *(pocket)*.

conocer   dar   hacer   poner   saber   salir   traer

1. (Yo) _____ ejercicio los martes y jueves antes de ir a clase, pero mi amiga Silvia _____ gimnasia todas las mañanas.

2. Mis amigos siempre _____ los libros a clase, pero yo casi nunca _____ todos mis libros porque pesan mucho *(they are heavy)*.

3. —¿_____ tú el teléfono del profesor de química?

   —No, no _____ su teléfono. Debes preguntarle a la secretaria en la oficina principal.

4. A mis amigos y a mí nos gusta _____ los viernes al cine. A veces, (nosotros) también _____ a cenar, pero este viernes yo no _____ con ellos porque el lunes tengo un examen importante.

5. —Hoy, yo _____ una fiesta de cumpleaños para mi mejor amiga. Vosotros, en España, ¿_____ fiestas para los amigos en los cumpleaños?

   —¡Claro que sí! Y también (nosotros) les _____ fiestas para el día del santo.

WB3-13. Un miércoles típico In order to find out what Beatriz does on a typical Wednesday, look at the pictures and complete the blanks with the appropriate expressions with **hacer** you learned in this **Tema.**

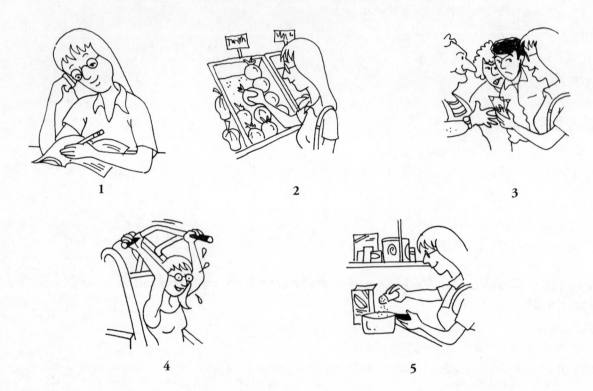

1   2   3

4   5

«Casi todos los miércoles hago las mismas cosas. Generalmente, (1) _____ temprano por la

mañana para no pensar más en eso. Después (2) _____ en el mercado de la esquina. Ahí venden

unas verduras muy frescas. ¡Ah! Y como el dueño *(owner)* es mi amigo, nunca (3) _____.

También, por la tarde, (4) _____ en el gimnasio. Cuando termino, regreso a casa, me baño y

descanso un rato. Después, como a las cinco de la tarde, (5) _____.»

Funciones y estructuras: Adverbs of frequency

WB3-14. ¿Con qué frecuencia…? A new Spanish-speaking friend wants to know how often you do the following things. Answer her questions in complete sentences!

¿Con qué frecuencia…

1. haces preguntas en la clase de español?

   _____

2. conoces gente interesante en la universidad?

   _____

3. sales a bailar con tus amigos(as)?

   _____

4. haces mandados en el centro?

_____

5. pones en el banco parte del dinero que ganas?

_____

6. traes el almuerzo de casa?

_____

WB3-15. De vacaciones Now, explain to this new friend what *you in particular* and what *people in general* do or do not do while vacationing in the U.S. Complete five of the following sentences.

   MODELO   Cuando la gente va a la playa, normalmente *no estudia,* y casi nunca *ve televisión.*

1. Si voy a esquiar en las montañas en enero, con frecuencia _____,

   pero jamás _____

2. Cuando vamos de compras, siempre _____

   y a veces _____.

3. Si la gente viaja en avión, nunca _____,

   pero a veces _____.

4. Cuando estoy en casa, siempre _____

   y normalmente _____.

5. Si jugamos en el parque, a menudo _____,

   pero rara vez _____.

6. Cuando la gente visita el Mundo de Disney, casi siempre _____

   y con frecuencia _____.

7. Al visitar a la familia, yo de vez en cuando _____,

   pero casi nunca _____.

8. Si pasamos las vacaciones en la playa, nunca _____

   pero a veces _____.

Escritura

Phrases/Functions: daily routines, asking questions in a store
Vocabulary: city, stores, banking
Grammar: verbs: present

WB3-16. Tus hábitos de consumo You are filling out a survey about your shopping habits and need to think about the following things:

- Do you really like to shop? Can you take it or leave it?
- When you shop, do you always visit certain places? What do you buy there?
- Who do you normally shop with?
- What method(s) of payment do you use on a regular basis?
- What are your feelings about the shopping experience?

Paso 1: Preparación Take a few minutes to think about how you would answer these questions. Then, write down the ideas that come to mind.

Paso 2: El borrador Organize the ideas you wrote down in the **Preparación** section and write the first draft of your short composition.

Paso 3: Revisión Consider the following questions in order to revise the **borrador.**

1. Did you provide enough information for each of the questions? Do you have to add more details?
2. Would you change the organization of your composition?
3. Did you use the appropriate vocabulary you learned in this **Tema**? If you used verbs with irregular **yo** forms, are they conjugated correctly? Did you use adverbs of frequency when appropriate?

Paso 4: La versión final Based on the answers to the previous questions, make the necessary changes and incorporate any new ideas that you have thought of. Before you hand in the final version of your description, read it one more time and check for spelling errors.

Tema 3 La comida

Vocabulario: Vamos a comer

WB3-17. Las comidas típicas For the following description of a typical U.S. meal plan, include the appropriate missing vocabulary. Choose from the words listed below.

> papas   hamburguesa   café   sándwich   jugo de naranja   cereal   pollo
>
> refrescos   pescado   legumbres   carne   panqueques   postre   helado   pizza

Para el desayuno, a mí me gusta comer un (1) _____ como Cheerios con (2) _____ para beber. Mi mejor amigo desayuna más fuerte que yo: come (3) _____ con almíbar *(syrup)* y bebe (4) _____ con azúcar y crema. El almuerzo típico consiste en un (5) _____ (por ejemplo, una (6) _____ o un bocadillo de (7) _____) con (8) _____ fritas. Otra comida común para el almuerzo es la (9) _____, aunque no la preparan bien en nuestra cafetería. Casi todos beben (10) _____ con el almuerzo. Por la noche, para mí la cena no es completa si no hay (11) _____ (como pollo o (12) _____) con (13) _____ y, al final, un (14) _____ para terminar. Antes de acostarme, me gusta comer una otra cosa, como (15) _____.

WB3-18. Un menú español Below you will find an outline for typical daily meals in Spain. Select an appropriate word from the list for each of the categories, but pay attention to the type of meal in making your selections.

MODELO   una especia blanca *sal*

> arvejas   bistec   café   emparedado de jamón   flan   huevos   lechuga   mostaza
>
> naranja   pan tostado   pasta   pera   queso   refresco   salchicha   tomate   vino

El desayuno

1. una bebida caliente   _____
2. un jugo   _____
3. un producto animal   _____
4. un tipo de pan   _____

El almuerzo

5. el ingrediente principal de una ensalada _____

6. un plato italiano popular _____

7. un producto lácteo sólido _____

8. una verdura roja _____

9. un postre _____

10. una bebida gaseosa _____

La cena

11. una bebida con alcohol _____

12. una combinación de pan y carne _____

13. una fruta _____

WB3-19. En el restaurante Imagine that you are having lunch at a Spanish restaurant. Complete the following conversation.

MESERO: Buenas tardes, señor(a). ¿En qué puedo servirle?

TÚ: (1) _____

MESERO: Sí, señor(a). Sígame, por favor.

Más tarde…

MESERO: ¿Qué desea pedir?

TÚ: (2) _____

MESERO: ¿Algo para tomar?

TÚ: (3) _____

MESERO: ¿Quiere algo de postre?

TÚ: (4) _____

MESERO: Aquí la tiene, señor(a).

TÚ: (5) _____

Funciones y estructuras: Talking about daily activities with *e→i* stem-changing verbs

WB3-20. Preguntas A Spanish-speaking friend wants to know about your eating habits.

Complete her questions with the correct form of the most logical verb in parentheses.

_____ 1. «¿Tú (vestir / seguir / competir) una dieta especial?»

_____ 2. «¿(Servir / Conseguir / Repetir) (ellos) mariscos en tu restaurante favorito?»

_____ 3. «¿Tus amigos y tú (pedir / competir / vestir) para ver quién come más?»

_____ 4. «Generalmente, ¿qué (seguir / pedir / conseguir) (tú) cuando vas a un restaurante italiano?»

_____ 5. «¿A veces (vestir / servir / repetir) cuando comes tu comida favorita?»

_____ 6. «¿(Pedir / Competir / Conseguir) Uds. buenos productos españoles en su área?»

WB3-21. Respuestas Now, answer the questions from activity WB3-20 in complete sentences.

1. _____

2. _____

3. _____

4. _____

5. _____

6. _____

Funciones y estructuras: Talking about future plans

WB3-22. ¿Qué van a hacer? Based on where they are, what are these people going to do? Answer these questions using the **ir** + **a** + *infinitive* structure and a logical verb phrase from the list.

MODELO   Carlota está en la biblioteca. Ella *va a estudiar para un examen.*

**asistir a la clase de química   hacer ejercicio   ver una película
cortarme el pelo   ver una exposición de arte   visitar a un enfermo
visitar a su hijo en Venezuela   comprar unas medicinas**

1. Mi prima Rebeca y yo estamos en el cine. Nosotras _____.

2. Los Beltrán están en el aeropuerto. Ellos _____.

3. Estás en el gimnasio. Tú _____.

4. El Sr. Andrés Zapata está en el museo. Él _____.

5. Ahora yo estoy en el salón de belleza. (Yo) _____.

6. Ahora estás en la farmacia con tu madre. Uds. _____.

7. Sarita y Ángela están en la universidad. Ellas _____.

8. Nelly está en el hospital. Ella _____.

WB3-23. Buenas intenciones Use one verb from each of the three columns so that you can describe what the following people *wish/desire to do,* what they *need/have to do,* and finally how they *plan to resolve this problem.* (Pay attention to the use of **pero** and **así que.**)

MODELO   Este fin de semana, yo *quiero dormir mucho, pero tengo que estudiar. Así que pienso estudiar durante el día y dormir toda la noche.*

desear	deber	ir a
esperar	necesitar	pensar
querer	tener que	planear

1. Durante las vacaciones, mis padres _____

_____

2. Este año, el presidente de los EE.UU. _____

_____

3. Este año académico, los profesores _____

_____

    4. El año próximo, mi familia_____

    _____

    5. Frecuentemente, mis amigos_____

    _____

    6. En dos semanas, yo_____

    _____

Lectura

WB3-24. Deportes y nutrición

Antes de leer

    1. Rapidly skim the text and try to determine which is the main idea.
       a. It is important to practice sports to lose weight
       b. Nutrition is the key to healthy living
       c. Physical activity and good nutrition go hand in hand

    2. Now, scan the article and circle all the cognates you can find.

EL EJERCICO Y LA DIETA: Una combinación perfecta

El deporte o la actividad física regular es una de las recomendaciones universales para alcanzar y mantener la salud en todos sus aspectos. Sin embargo, es importante tener en cuenta que, para estar en forma, es importante tener en cuenta que para estar en forma, se requiere una buena nutrición. Una alimentación apropiada nos permite mantener un peso ideal, lograr un balance de todos los sistemas de nuestro organismo, y sostener periodos significativos de actividad física y mental. Todo programa de entrenamiento debe comenzar con un programa nutricional personalizado.

Los resultados de un plan de entrenamiento o de ejercicio físico dependen en un 70% a un 80% de la alimentación que usted le brinde al organismo. La gente que hace ejercicio físico, en general, necesita un mayor aporte de energía de la dieta para poder suplir los gastos energéticos que se requieren durante la actividad, ya que ésta supone un incremento en las necesidades calóricas y de agua.

No existen "fórmulas mágicas" o suplementos que reemplacen una alimentación bien balanceada. Lo importante es crear un balance, una combinación apropiada de nutrientes para cubrir todas las necesidades del organismo. Comer una variedad de alimentos es el secreto.

Los alimentos que comemos pueden clasificarse en cinco grupos básicos de nutrientes: grasas, hidratos de carbono, minerales, proteínas y vitaminas. Además de estos cinco grupos, hay otros dos componentes que son vitales para una dieta saludable, y particularmente importantes para la buena digestión. Éstos son la fibra dietética y el agua. Cada grupo tiene una función específica, y una dieta saludable necesita incluir algo de cada uno.

La alimentación diaria influye de forma muy significativa en el rendimiento físico de un deportista. Es necesario una adecuada distribución de los nutrientes energéticos: proteínas (del 10% al 15%), lípidos (del 30% al 35%) e hidratos de carbono (del 50% al 60%), así como la presencia de vitaminas y minerales para cubrir las necesidades específicas del deportista. La clave para una buena salud está en una dieta variada y equilibrada. Además, la dieta debe ser adecuada en términos de cantidad y calidad, junto con un programa de entrenamiento físico que estimule la función cardiovascular y el mantenimiento de los sistemas óseo y muscular.

A leer

3. Organize the following ideas in the order in which they are presented in the text.

_____ a. No single food or supplement provides all the nutrients required for healthy living.

_____ b. The human body needs a combination of nutrients.

_____ c. The results of a training program depend largely on nutrition.

_____ d. Physical activity is recommended for good health.

4. The article lists the seven basic components of a healthy diet. What are they?

a. _____

b. _____

c. _____

d. _____

e. _____

f. _____

g. _____

5. The article mentions three important benefits of good nutrition. What are they?

a. _____

b. _____

c. _____

6. Based on the information provided in the second paragraph, what are "comidas milagrosas"?
a. multi-purpose foods
b. miracle foods
c. fat-free foods

Después de leer

7. Now that you have read the article a few times, summarize its main ideas in your own words (three or four sentences only).

_____

_____

_____

_____

_____

Nombre _____ **Fecha** _____

 ## Autoexamen

Vocabulario

WB3-25. Un día muy pesado Complete the paragraph with the words from the list below.

hotel   restaurante   hospital   peluquería   cajero automático   supermercado

Tengo un día muy agitado hoy. Primero, tengo que ir a visitar a mi prima en el (1)_____ porque tuvo *(she had)* un bebé. Después, voy a sacar dinero de un (2)_____. Después tengo que comprar comida para mi familia en el (3)_____. A las tres tengo una cita en la (4)_____ para cortarme el pelo y a las cinco tengo que encontrarme con mi esposo en el (5)_____ de la calle Washington para cenar.

WB3-26. De compras Match the items on the left with the form of payment on the right.

____ 1. una cena en un restaurante elegante   a. la tarjeta de crédito

____ 2. un chicle   b. el efectivo

____ 3. un boleto de avión   c. el cambio

____ 4. el alquiler de un apartamento   d. el cheque

____ 5. un vestido

WB3-27. Diálogo Below are several mini-conversations between Mr. and Mrs. Pérez (**Sr. P; Sra. P**) and their waiter (**M**). Read the dialogue and then fill in each blank with the letter of the missing word/phrase. Each item in the list can be used only once.

a. agua   g. chuleta   m. espárragos
b. mermelada   h. pollo   n. pasta
c. aderezo de ajo   i. En qué puedo servirles   o. flan
d. sopa   j. por favor   p. tarjeta de crédito
e. postre   k. ensalada   q. langosta
f. mariscos   l. vino   r. cuchara

M: ¿(1) _____, señores?

Sr. P: Tenemos reservas para dos a nombre de Pérez.

M: Sí, señor; aquí está su nombre. Síganme, (2) _____.

En la mesa.

M: ¿Qué desean tomar?

Sra. P: Para mí, un (3)_____ blanco francés.

Sr. P: Y yo quiero (4)_____ mineral solamente.

M: Muy bien. Esta noche la especialidad es el (5) _____ asado. Se sirve con una ensalada de lechuga, tomates y cebolla, con (6) _____ o jugo de limón. ¿Les gustaría probar la especialidad?

Sra. P: Sí, por favor. ¿Y tú, cariño?

Sr. P: Voy a pedir la (7) _____ minestrone con una (8) _____ mixta.

M: Se los traigo en seguida.

Después de comer.

    M: ¿Desean Uds. un (9) _____?

    SRA. P: Yo no, gracias.

    SR. P: Me gustaría el (10) _____, por favor. Y, una pregunta: ¿puedo pagar con

            (11) _____?

    M: Cómo no, señor.

    SR. P: Gracias.

Funciones y estructuras

WB3-28. ¿Cómo debe ser? Give the correct form of the verb in parentheses.

  1. —Para llegar al restaurante La Mexicana, ¿_____ (seguir)

      por la calle Liberación o tomo la avenida Sánchez?

     —¡Ese restaurante _____ (estar) a dos cuadras de aquí! Ven, yo te llevo.

  2. —Señora, ¿puede decirme qué hora _____ (ser)?

     —Con gusto. _____ (Ser) la una y veinte de la tarde.

  3. —¿Adónde _____ (ir) tus padres y tú en las próximas vacaciones?

     —Pues ellos _____ (planear) ir a Hawai, pero yo _____ (querer) viajar a

     Puerto Rico.

  4. —Manolo, ¿con qué frecuencia _____ (hacer) quehaceres en tu casa?

     —Pues, _____ (hacer) la cama y _____ (lavar) los platos todos los días.

     Y _____ (saber) cocinar, pero no me gusta hacerlo.

  5. —¿Adónde vais vosotras ahora?

     —Luisa _____ (tener) que ir de compras y yo _____ (salir) a cenar con mis

     padres.

WB3-29. Preguntas Respond to the following questions in complete Spanish sentences.

  1. ¿Qué quieres hacer este fin de semana?

    _____

  2. ¿Cuándo tienes que estudiar mucho?

    _____

  3. ¿Cómo pagas la cena en un restaurante elegante y caro?

    _____

  4. ¿Con quién sales mucho y por qué?

    _____

  5. ¿Adónde vas para pasarlo bien *(have a good time)* con tus amigos o parientes?

    _____

Cultura

WB3-30. Puerto Rico Answer the following questions.

1. ¿Qué es «San Felipe del Morro»?
   a. una figura religiosa muy importante de Puerto Rico
   b. el mejor restaurante de San Juan
   c. un monumento histórico de la época colonial

2. ¿Qué es «El Yunque»?
   a. una playa muy popular en la isla
   b. un parque natural famoso por su flora y fauna
   c. el nombre de los primeros habitantes de Puerto Rico

3. ¿Cuál es la segunda *(second)* ciudad más grande de Puerto Rico?
   a. Mayagüez
   b. Ponce
   c. San Germán

4. Otro nombre que tiene Puerto Rico es…
   a. La Isla del Encanto
   b. La Isla Bonita
   c. La Isla del Caribe

Nombre _____ Fecha _____

Capítulo 4 Preferencias y prioridades

Tema 1 El tiempo

Vocabulario: El estado del tiempo y las estaciones

WB4-1. ¿Cuándo es...? Put your Spanish class note cards in order by putting the names of the months and holidays in lists under the correct season as they occur in the U.S. Write them in the chart below.

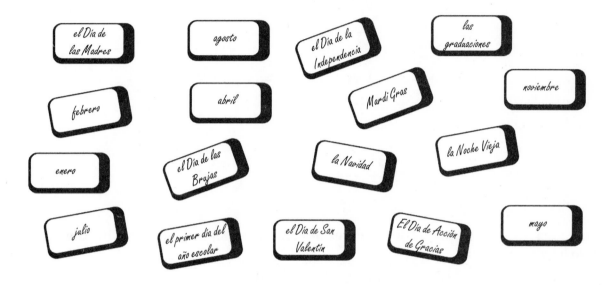

invierno	verano	primavera	otoño

WB4-2. ¿Qué tiempo hace? Look at a weather map of the national forecast for today. Then describe for a Spanish-speaking friend what the weather is like today in these U.S. cities.

MODELO   En Filadelfia *hace frío y nieva hoy.*

1. En la ciudad de Nueva York _____.

2. En Chicago _____.

3. En Los Ángeles _____.

4. En Honolulu _____.

5. En Atlanta _____.

WB4-3. Cómo nos afecta el tiempo The weather can affect not only our activities, but also our emotions and feelings. Complete each of the following sentences logically by describing the activities and possible emotions and feelings of the people involved.

> MODELO   Si es una noche tormentosa, *tengo mucho miedo,* pero no *llamo a mis padres.*
> O
> Si es una noche tormentosa, *estudio con un grupo de amigos en la residencia,* pero no
> *duermo bien.*

1. Si llueve un fin de semana, (yo) _____
   o _____.

2. En la primavera, si hace sol y es sábado, mis amigos y yo _____,
   pero no _____.

3. Si nieva en diciembre, mi familia _____,
   pero no _____.

4. En el verano, si es una noche fresca, la gente _____
   o también _____.

5. En el otoño, si es un día parcialmente nublado, necesito _____,
   pero no necesito _____.

6. Si hace mucho calor, no me gusta _____,
   pero sí me gusta _____.

Funciones y estructuras: Talking about ongoing actions and events with the present progressive

WB4-4. El tiempo en el mundo Look at the chart below and indicate what the weather is like right now in different cities around the world.

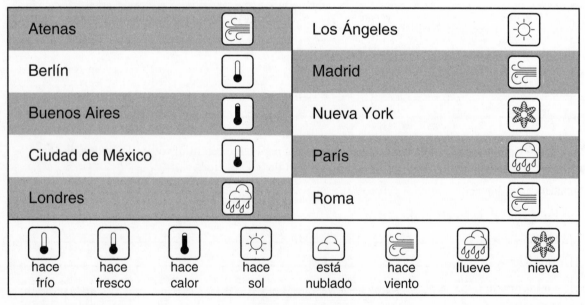

> MODELO   París
> *En París está lloviendo ahora mismo.*

1. Nueva York _____
2. Madrid _____
3. Londres _____
4. Atenas _____
5. Ciudad de México _____
6. Buenos Aires _____
7. Berlín _____
8. Los Ángeles _____
9. Roma _____

WB4-5. ¿Qué está pasando? Express what is happening right now by completing the sentences below with the correct present progressive form of the verb.

MODELO   En la cafetería algunas personas *están comiendo* (comer) y otras *están estudiando* (estudiar).

1. Ahora, en cuanto a la comida, (yo) _____ (evitar) las proteínas, pero todavía (yo)

    _____ (comer) muchos carbohidratos.

2. Hoy en día, los supermercados _____ (vender) mucha agua natural en botellas.

3. Ahora, los restaurantes de aquí _____ (servir) poca carne roja en comparación al pasado.

4. Aquí en la cafetería _____ (ofrecer) varias opciones vegetarianas.

5. Ahora mi amiga _____ (preparar) una paella para la cena.

6. Mi médico me _____ (recomendar) una dieta con menos grasa porque estoy algo

    gordo ahora.

Funciones y estructuras: Comparing and contrasting with comparatives and superlatives

WB4-6. Pronosticar Look over the weather map from Spain and familiarize yourself with the symbols. Then, complete each set of contrasts/comparisons given, using the correct combination of expressions of equality or inequality listed below. Not all words will be used. **¡OJO!** When dealing with nouns, make sure your comparatives agree in number and gender!

MODELO   En Huelva hay *menos* niebla *que* en Córdoba.

más/menos... que	más/menos de	tan... como	tanto como
Tanto(a/os/as)... como	el mismo		mejor/peor

1. Hace _____ frío en Guadalajara _____ en Granada.
2. Hoy en Badajoz está _____ soleado *(sunny)* _____ en Murcia.
3. Hay _____ heladas *(frost)* en León _____ en Cuenca.
4. La temperatura en Las Palmas es de _____ _____ 18 grados.
5. En Valencia hace _____ _____ tiempo que en Lisboa.
6. En Lugo hace _____ tiempo que en Almería.
7. Hay _____ sol _____ lluvia hoy en Santander.
8. El día está nublado en Pamplona _____ _____ en Burgos.

Now, with the weather map above for the month of December, make two sets of comparisons: (1) the weather for Segovia (as shown on the map) compared with the weather where you live and (2) the typical weather in December where you live compared with that shown for Las Palmas on the previous page. Write two sentences for each set of comparisons, using the phrases given.

1. _____

2. _____

WB4-7. Las opiniones For each of the following categories, give your opinion by comparing the item given to all others in that category (use **de** if appropriate) and explaining why you believe your comparison is correct (**porque...**).

MODELO   el mejor restaurante
           Para mí, el mejor restaurante de mi ciudad es un restaurante italiano que se llama Casa Roma
           porque allí sirven las mejores pastas.

1. la mejor profesora

   _____

2. el peor lugar para estudiar

   _____

3. la mejor estación del año

   _____

4. el plato más rico de la cafetería

   _____

5. la película menos popular entre los profesores

   _____

6. el edificio menos atractivo del campus

   _____

7. mi peor clase

   _____

8. la actividad extracurricular más divertida

   _____

Escritura

Phrases/Functions: comparing and contrasting, comparing and distinguishing, describing people
Vocabulary: people, colors, personality
Grammar: verbs: progressive tenses; comparisons: adjectives

WB4-8. Más sobre mí y mis amigos Your professor would like to know more about you and three of your friends. In particular, he/she wants to know about the following things:

- what you think they are doing right now and why
- who is taller, shorter, more responsible, etc.

Paso 1: Preparación Look at the information points mentioned above and think about what you can say about yourself and about three of your best friends. Write these ideas down in a logical order.

Paso 2: El borrador Write the first draft of your description.

Paso 3: Revisión Consider the following questions in order to revise the **borrador.**

1. Did you provide enough information for each of the four points? Is it necessary to include more details?
2. Would you change the organization of your description?
3. Did you include as many comparisons as possible? Are the verbs correctly conjugated in the present progressive?

Paso 4: La versión final Based on the answers to the previous questions, make the necessary changes and incorporate any new ideas that you have thought of. Before you hand in the final version of your description, read it one more time and check for spelling errors.

Nombre _____ **Fecha** _____

Tema 2 La ropa

Vocabulario: Ropa de diario y accesorios

WB4-9. Preparativos Make a list of at least five items of clothing and three accessories that you would bring to each of the following occasions.

	Receso de primavera en Cancún	Fin de semana en Aspen	Una boda en la ciudad de Nueva York durante el mes de abril
Ropa	1.	1.	1.
	2.	2.	2.
	3.	3.	3.
	4.	4.	4.
	5.	5.	5.
Accesorios	1.	1.	1.
	2.	2.	2.
	3.	3.	3.

WB4-10. Opciones Complete the sentences with words from the list below.

sandalias	pantalones cortos	gorra	lentes de sol
guantes	aretes	collares	zapatos
botas	traje	abrigos	impermeable

MODELO   En la playa, no es buena idea llevar *vestido y botas,* sino *traje de baño y sandalias.*

1. En una oficina profesional, los hombres no deben llevar _____ con un traje; deben llevar _____.

2. Si vas a jugar al básquetbol, debes llevar _____, pero no debes llevar _____.

3. En el verano, la gente no lleva _____ ni _____.

4. Cuando hace mucho sol es mejor usar una _____ y unos _____.

5. Cuando llueve, debes llevar un _____ y unas _____.

6. Los _____ y los _____ son accesorios que muchas mujeres usan en ocasiones elegantes.

WB4-11. ¿De qué material son? Match the item of clothing (or accessory) in column A with its material in column B.

A	**B**
Ropa o accesorio	**Material**
____ 1. suéter	a. oro
____ 2. traje de baño	b. cuero
____ 3. zapatos	c. material sintético
____ 4. blusa	d. seda
____ 5. aretes	e. lana

Funciones y estructuras: Talking about daily activities with *e→ie* and *o→ue* stem-changing verbs

WB4-12. En España You and some of your classmates are participating in a language program in Spain. Describe some of the things that happen there by completing each sentence with the phrases provided.

> MODELO   yo recordar a mis amigos todos los días
> Me gusta España, pero *yo recuerdo a mis amigos todos los días.*

1. mis amigos querer comprar ropa nueva

   En España _____.

2. (el profesor/la profesora) de español probar comida diferente

   Durante el viaje, _____.

3. nosotros preferir comer comida española, no comida estadounidense

   Todos los días, _____.

4. todos perder las llaves del apartamento

   Con frecuencia, _____.

5. tú querer pasar todo el tiempo en el Parque del Retiro

   Últimamente, _____.

6. Leonel dormir todo el día

   A veces, _____.

7. vosotros pensar visitarnos en EE.UU.

   Les preguntamos a nuestros amigos españoles: «¿ _____?»

8. tú soñar con ir a Sevilla

   Siempre dices que _____.

9. ellos cerrar las tiendas durante la siesta

   Todas las tardes, _____.

10. yo encontrar lugares interesantes en toda la ciudad

    Cuando camino por las calles de Madrid, _____.

WB4-13. ¿Con qué frecuencia? How often do you participate in certain activities compared with other family members or friends? Provide a complete answer for each of the following questions. Follow the model.

> MODELO   ¿Con qué frecuencia tienen que trabajar tú y tus amigos?
> *Tengo que trabajar quince horas a la semana, pero mis amigos
> tienen que trabajar sólo diez horas a la semana.*
> O
> *Mis amigos y yo tenemos que trabajar veinte horas a la semana.*

¿Con qué frecuencia...

1. tu amigo(a) y tú terminan la tarea?

   _____

2. reciben tú y tus padres a parientes que vienen de visita?

   _____

3. almuerzan tu amigo(a) y tú en la cafetería de la universidad?

   _____

4. prueban Uds. platos de otras regiones o países?

   _____

5. pierden tus parientes y tú dinero?

   _____

6. devuelven ropa usada a la tienda?

   _____

Funciones y estructuras: Talking about daily routines with reflexive verbs

WB4-14. Unas vacaciones inolvidables Alicia and Carmen are on vacation in the Canary Islands and Carmen is writing the following postcard. Fill in the blanks with the correct form of the reflexive verbs in parentheses.

Queridos amigos:

Alicia y yo estamos en un hotel de cuatro estrellas que se llama El Paraíso, ¡y todo aquí es un paraíso de veras! En primer lugar, nosotras _____ (llevarse) muy bien porque somos parecidas (alike) y hacemos mucho juntas. Vamos a la playa tres veces al día para tomar el sol y nadar. Por la mañana (nosotras) _____ (ponerse) el traje de baño, la gorra y las gafas de sol porque siempre hace sol y mucho calor. ¡Muchas veces (yo) _____ (bañarse) en el mar dos o tres veces al día! A veces, voy de compras o a dar un paseo y (yo) _____ (divertirse) muchísimo. A Alicia le gusta leer y conocer a los españoles guapos en la playa. Por eso, Alicia siempre _____ (levantarse) temprano y _____ (maquillarse). Pero yo _____ (acostarse) a las dos de la madrugada y _____ (despertarse) a las nueve o diez. Todas las noches, sacamos tiempo para ir a un restaurante nuevo. Normalmente nosotras _____ (sentarse) unas horas y probamos platos españoles típicos. ¡Qué rico es todo!

Aunque estas vacaciones nos cuestan mucho dinero, nosotras no _____ (quejarse) porque es una experiencia inolvidable.

Besos y abrazos,

Carmen

_____

_____

_____

_____

_____

WB4-15. La ropa y la higiene The following is a list of questions you want to ask a Spanish-speaking friend regarding his/her clothing preferences and his/her hygiene. Complete each question with the correct form of the given verb.

> **MODELO**   ¿*Te pones* (ponerse) ropa elegante para ir a tu restaurante favorito?

1. ¿_____ (probarse) los vaqueros cuando los compras?

2. Cuando _____ (prepararse) por la mañana, _____ (tomarse) mucho tiempo?

3. ¿_____ (vestirse) antes o después de desayunar?

4. Cuando _____ (perfumarse), ¿usas poco o mucho perfume?

5. Al llegar a tu casa o a tu dormitorio después de clase, ¿_____ (cambiarse) rápidamente o _____ (quedarse) con la misma ropa?

Now, answer the questions above as truthfully as possible and in complete sentences.

1. _____
2. _____
3. _____
4. _____
5. _____

Escritura

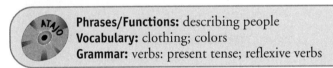

Phrases/Functions: describing people
Vocabulary: clothing; colors
Grammar: verbs: present tense; reflexive verbs

WB4-16. Estilos diferentes Your Spanish pen pal has asked you about your taste in clothes. In order to spice up your answer, you have decided to compare yourself with a famous person (singer, actor/actress, comedian/comedienne, politician, etc.) whose style you consider totally different from yours.

Paso 1: Preparación Decide who this famous person is and make a list of differences (and similarities, if there are any).

Paso 2: El borrador Using the ideas you came up with in the **Preparación** section, write the first draft of your reply.

Paso 3: Revisión Revise your first draft according to the following criteria:

1. creativity of the answer provided (Is it clear why you picked this famous person? Could anything else be said?)
2. organization (Is it logically organized from beginning to end?)
3. vocabulary and grammar (Did you incorporate vocabulary from this **Tema**? Did you use irregular and reflexive verbs correctly?)

Paso 4: La versión final Make the necessary changes and incorporate any new ideas that you have thought of. Before you hand in the final version of your description, read it one more time and check for spelling errors.

Tema 3 La diversión

Vocabulario: Los deportes

WB4-17. Asociaciones Match the people, places, and things on the left with the activities on the right.

_____ 1. Lakers, 76ers, Celtics

_____ 2. invierno

_____ 3. Astrodome, Wrigley Field, Camden Yards

_____ 4. una piscina

_____ 5. Lance Armstrong

_____ 6. Pete Sampras

_____ 7. Carl Lewis

_____ 8. Patriots, Bears, 49ers

a. ciclismo

b. atletismo

c. baloncesto

d. béisbol

e. natación

f. fútbol

g. esquí

h. tenis

WB4-18. Una familia atlética Complete the paragraph with the appropriate verbs from the list below. **Note:** Not all the verbs will be used.

hacer   practicar   levantar   patinar

Tengo una familia muy atlética. Mi padre (1) _____ el fútbol y mi madre (2) _____ aeróbicos. Mis dos hermanos (3) _____ el béisbol en la escuela secundaria, y mi hermanita (4) _____ gimnasia. Yo (5) _____ pesas y también (6) _____ lucha libre en el equipo de la universidad.

WB4-19. ¿Qué deporte recomiendas? Select the best sport for each of the following individuals based on their personal description.

el levantamiento de pesas

el atletismo   la gimnasia   el esquí   el fútbol   la natación

1. Margarita es muy activa y rápida. También, ella tiene mucha resistencia. _____

2. A Juan le encantan los deportes de invierno. No le gusta jugar en equipo; prefiere un deporte individual. _____

3. Alberto es muy grande y fuerte. Le encanta la competencia. _____

4. Isabel es delgada y flexible. Le gusta la música y la danza. _____

5. A Felipe le gustan los deportes de equipo. Él es fuerte y agresivo. _____

Funciones y estructuras: Talking about daily activities with irregular present tense verbs

WB4-20. Un campamento deportivo de verano Diego is spending the summer at a sports summer camp and he is writing a letter to his friend Carl. Complete this part of his letter with the **yo** form of the verb in parentheses.

> ¡Hola, Carl!
>
> ¿Cómo estás? Espero que súper bien.
>
> Como sabes, estoy en un campamento deportivo de verano y te _____
> (decir) que ¡es estupendo! Todos los días _____ (escoger) un
> deporte diferente y _____ (jugar) con mis amigos. ¡Si me vieras
> jugando al béisbol! ¡Ya me _____ (parecer) a Derek Jeter! Por
> las tardes _____ (venir) al área de descanso y _____
> (oír) música, mientras charlo con los demás. Me gusta mucho estar aquí y
> _____ (reconocer) que soy muy afortunado...

WB4-21. Preguntas Answer the following questions in complete sentences.

1. ¿Conduces a la universidad o usas el transporte público?

   _____

2. ¿Ves televisión todas las noches?

   _____

3. ¿Corriges a las demás personas cuando cometen errores al hablar?

   _____

4. ¿Convences fácilmente a otras personas cuando les mientes?

   _____

5. ¿Qué cosas crees que te mereces en la vida?

   _____

Funciones y estructuras: Describing people and objects with the verbs *ser* and *estar*

WB4-22. Un programa radial A Spanish radio station has a weekly call-in show in which its listeners can talk about sports. Complete the dialogue below using the correct form of **ser** or **estar,** according to the context.

LOCUTOR: Pues, ahora nos llama Alejandro. Alejandro, ¿de dónde _____ tú?

ALEJANDRO: _____ de Guadalajara, México.

LOCUTOR: ¿Y dónde _____ ahora?

ALEJANDRO: _____ en mi carro. Mi novia y yo acabamos de salir de un partido de béisbol y queremos felicitar al equipo ganador *(winner)*.

LOCUTOR: ¿Cuál _____ el equipo ganador?

ALEJANDRO: Los Águilas, el equipo local. Los chicos _____ jugando muy bien. (Ellos) _____ muy disciplinados y juegan con muchas ganas.

LOCUTOR: Entonces, Uds. _____ muy contentos con el resultado, ¿no?

ALEJANDRO: Claro que sí. Y ahora (nosotros) _____ listos para salir a cenar. ¿Nos recomienda algún restaurante, señor locutor?

LOCUTOR: Hay uno excelente que _____ en la esquina de las avenidas Ramos y Antonini.

ALEJANDRO: Pues vamos para allá. (Yo) _____ muy contento a de haber hablado con Ud.

LOCUTOR: Gracias, Alejandro. En la emisora *(station)* _____ trabajando mucho para servir-les a todos Uds. Hasta luego, ¡y buen provecho!

ALEJANDRO: Gracias y hasta luego.

WB4-23. Mi amiga Celia Rafael is telling Alberto about his friend Celia. Read what he says and choose between the form of **ser** or the form of **estar,** according to context.

Ella (1. a. es b. está) mi amiga Celia. (2. a. Es b. Está) una increíble jugadora de tenis. Ella (3. a. es b. está) de Chile; (4. a. es b. está) chilena. (5. a. Es b. Está) en condiciones físicas excelentes y su próximo juego (6. a. es b. está) esta tarde. ¡(7. a. Soy b. Estoy) seguro de que va a ganar! El juego (8. a. es b. está) en una cancha que (9. a. es b. está) al otro lado de la ciudad. Celia necesita que la lleve a la cancha; por eso (10. a. soy b. estoy) llamando a mi hermana, porque el carro que tengo (11. a. es b. está) de ella. ¡Aló!

Lectura

WB4-24. ¡Nuestros diseñadores de moda!

Antes de leer

1. Rapidly skim the text and try to determine what this article is about:
   a. Famous New York fashion designers
   b. World-famous fashion designers of Hispanic origin
   c. The most important fashion trends in the U.S. today

¡Nuestros diseñadores de moda!

por Claudia Bertollini-Ciano

Parte vital de nuestra herencia hispana en los Estados Unidos tiene como protagonista la creatividad de nuestros diseñadores —tanto de ropa como de accesorios, joyas, etc. Y un gran número de ellos ha impuesto moda a nivel internacional.

Nombres como el de la venezolana Carolina Herrera —quien fue la «couturière» favorita de Jackie Kennedy Onassis y que está en el Hall de la Fama de las Mujeres más Elegantes del Mundo— y el dominicano Oscar de la Renta, cuyas creaciones llevan reinas, igual que Primeras Damas y «socialites», fueron inspirados por los diseños del genial español Cristóbal Balenciaga, y hoy en día van mano a mano con el del español Manolo Blahnik, cuyos zapatos —llamados «los Manolos»— son el delirio de las mujeres más «trendy» de la tierra, incluyendo las chicas de Sexo y la Ciudad— y con los diseños de joyas de Paloma Picasso, la hija del gran Picasso y 50% de sangre española. No olvidemos que por años el cubanoamericano Adolfo vestía a Nancy Reagan, mientras que los españoles Fernando Pena y Fernando Sánchez fueron parte vital de la moda de los años 70 y 80.

Cuando se fue a casar con John F. Kennedy Jr., la bella Carolyn Bessette escogió al cubanoamericano Narciso Rodríguez (quien había trabajado con Donna Karan y Calvin Klein en sus años de aprendizaje, y con el diseñador de Cerutti) para diseñar su traje de novia. De ahí en adelante, Rodríguez se convirtió en uno de los creadores jóvenes más importantes de la industria de la moda, habiendo incluso diseñado por unos años la colección de Loewe antes de dedicarse 100% a su propia —¡y muy de moda!— etiqueta.

La pionera Norma Kamali es de herencia española, aunque pocos lo saben, y por años el cubanoamericano Omar Torres fue el diseñador de las joyas de Bulgari. Igual que el mexicanoamericano José María Barrera es una de las estrellas del mundo de las joyas de fantasía en los Estados Unidos —su hija Larissa diseña bolsos— la cubanoamericana Isabel Toledo y sus diseños geométricos son la locura del Japón, el mexicano Víctor Alfaro es el maestro de los diseños en «cashmere», mientras que el cubanoamericano Manolo es famoso por sus creaciones vanguardistas. Por su parte, el venezolano Ángel Sánchez ya tiene una gran clientela en los Estados Unidos, donde muchas celebridades llevan sus diseños (sus trajes de novia son también fabulosos). Lo mismo ocurre con el joven dominicano Sully Bonnelly y el chileno Rubén Campos, quien es quizá uno de los mejores diseñadores latinos de siempre. ¡Y las camisetas de la firma española Custo Barcelona ya son un símbolo de status en la moda internacional!

De Colombia ya está radicada en Estados Unidos la joven Silvia Sccherassi, y entre los nuevos «enfants terribles» que son los chicos mimados de las editoras de moda norteamericanas tenemos al español Miguel Adróver. Recientemente la sensación de las colecciones de moda de Nueva York fue un chico colombiano de 18 años llamado Esteban Cortázar, quien vive en Miami desde que tenía 11 años y quien desde los 13 se hizo amigo de Madonna y de Versace, a quienes les enseñaba sus diseños. ¿Otros nombres que ya han sido reconocidos? Los diseños de Manuel Fernández, David Rodríguez y Mark Montano y las joyas de la venezolana Nuria Martín-Brillembourg.

Nuestros diseñadores hispanos tienen en común un innato sentido del color, la sensualidad y la elegancia, y crean para una mujer eminentemente femenina y seductora. Por eso es que hemos logrado penetrar el cerradísimo y muy difícil mundo de la moda internacional, donde la combinación ganadora de nombres radicados en Nueva York como Oscar de la Renta, Carolina Herrera y Narciso Rodríguez —quien fue escogido el Diseñador del Año de Ropa de Mujeres en el 2002 por el prestigioso CFDA— están al mismo nivel y en primera fila entre todos los grandes creadores del mundo, representando la industria de la moda de los Estados Unidos, lo que nunca antes habíamos logrado, ¡y es un gran orgullo!

Source: http://www.lavox.com/estilo/10-01-2002.php

A leer

2. Organize the following ideas in the order they are presented in the text.

____ a. Prominent personalities have chosen Hispanic designers for their wardrobes.

____ b. Hispanic designers have an innate sense of fashion.

____ c. Some of the most promising designers are of Hispanic origin.

____ d. Many Hispanic fashion designers are well-known around the world.

3. The article lists prominent Hispanic designers. Mention at least two in each of the following categories:

Women's Clothing	Wedding Gowns	Jewelry	Shoes & Other Accessories
1.	1.	1.	1.
2.	2.	2.	2.

4. Match the designer with his/her trademark or accomplishment

____ 1. Carolina Herrera   a. Caroline Bessette's wedding gown designer

____ 2. Manolo Blahnik   b. Jewelry designer for Bulgari

____ 3. Narciso Rodríguez   c. Carrie Bradshaw's *(Sex and the City)* favorite shoe designer

____ 4. Adolfo   d. One of Nancy Reagan's favorite designers

____ 5. Omar Torres   e. Jackie Kennedy's favorite designer

5. Based on the information provided in the article, why are Hispanic designers so successful? What makes their work different or unique?

_____

Después de leer

6. Now that you have read the article a few times, summarize its main ideas in your own words (three or four Spanish sentences only).

_____

_____

_____

Autoexamen

Vocabulario

WB4-25. El tiempo en los Estados Unidos Complete the paragraph with the appropriate words according to the context.

nublado   nieva   hace calor   hace frío   llueve

verano   invierno   hace fresco   otoño   primavera

En los Estados Unidos el tiempo varía de acuerdo con la estación. Enero y febrero son meses de

(1) _____ y, por lo tanto, (2) _____ y (3) _____ con frecuencia

(especialmente en el norte). Abril y mayo son meses de (4) _____ y en muchas partes

(5) _____. Junio y julio son meses de (6) _____ y, por lo tanto, (7) _____.

Septiembre y octubre son meses de (8) _____ y, por lo general, (9) _____ y muchas

veces el cielo está (10) _____.

WB4-26. ¿Qué necesito? Match the items of clothing on the right with the situations on the left.

_____ 1. para una cena elegante

_____ 2. para unas vacaciones en la playa

_____ 3. para ir a clase

_____ 4. para salir a la calle en el invierno

_____ 5. para descansar en la casa

a. un traje de baño

b. unos tejanos

c. un abrigo

d. un traje/un vestido

e. unas zapatillas

WB4-27. ¿Qué deporte es? Identify the sport based on its description.

el baloncesto   el fútbol   el béisbol   la natación   el atletismo

el levantamiento de pesas   la lucha libre   el tenis   la gimnasia   el patinaje

1. Es un deporte muy popular en los Estados Unidos que se practica en equipos. En cada equipo hay once jugadores y los árbitros usan una camiseta a rayas blancas y negras.

   _____

2. Es un deporte que se practica en una piscina. Requiere mucha agilidad y resistencia.

   _____

3. Es un deporte olímpico muy antiguo. Para ganar necesitas ser fuerte y usar una buena estrategia.

   _____

4. Es un deporte olímpico que requiere fuerza, coordinación y disciplina. El mérito artístico de los participantes es evaluado durante las competencias.

   _____

5. Es un deporte en el que puedes competir individualmente o en parejas. Se requiere una cancha especial, una red, raquetas y unas bolas especiales.

   _____

Funciones y estructuras

WB4-28. Patrones Study the verb patterns below and then supply the missing verb forms for each sequence.

1. empiezo, _____, empieza, empezamos _____, empiezan

2. _____, pides, _____, pedimos, pedís, piden

3. _____, _____, conoce, conocemos, conocéis, conocen

4. me llamo, te llamas, _____, _____, os llamáis, se llaman

5. _____, contienes, contiene, _____, contenéis, contienen

6. muestro, muestras, muestra, mostramos, _____, _____

7. soy, _____, es, somos, sois, _____

8. _____, estás, _____, estamos, estáis, están

9. me siento, _____, _____, nos sentamos, os sentáis, se sientan

10. _____, escoges, escoge, escogemos, _____, escogen

WB4-29. Preguntas Answer the following questions in complete sentences.

1. ¿Qué está haciendo tu hermano(a) ahora?

_____

2. ¿Cuál es el estudiante más alto de la clase de español?

_____

3. ¿Qué prefieres hacer los fines de semana?

_____

4. ¿A qué hora te levantas durante la semana?

_____

5. ¿Cómo es tu mejor amigo(a)?

_____

Cultura

WB4-30. España Answer the following questions.

1. ¿Qué país está al oeste de España?
   a. Francia   b. Italia   c. Portugal

2. ¿Cómo se llaman las montañas que separan a España del resto de Europa?
   a. Los Alpes   b. Los Pirineos   c. Los Andes

3. ¿Cuántas comunidades autónomas hay en España?
   a. 17   b. 12   c. 21

4. El flamenco es originalmente de...
   a. Cataluña   b. Valencia   c. Andalucía

5. Una de las comunidades autónomas más prósperas es...
   a. Cataluña   b. Castilla   c. Galicia

6. ¿Qué significa «euskera»?
   a. la capital del País Vasco   b. el idioma del País Vasco   c. uno de los monumentos más importantes del País Vasco

Capítulo **5** Mi pasado

 Tema 1 Eventos importantes

Vocabulario: Los eventos importantes y las fechas

WB5-1. Asociaciones Match the people on the left with the life event on the right.

_____ 1. bebés   a. aniversario

_____ 2. estudiantes   b. graduación

_____ 3. novios   c. nacimiento

_____ 4. ancianos   d. matrimonio

_____ 5. esposos   e. jubilación

WB5-2. ¿Cuándo? Complete the sentences with the year of the event in your life. **Note:** Write out the number in words.

1. Nací en _____.

2. Me gradué de la escuela secundaria en _____.

3. Fui a mi primera cita en _____.

4. Empecé a estudiar español en _____.

5. Espero graduarme de la universidad en _____.

WB5-3. ¿Cuánto es? Write in Spanish the answer to the following calculations. **Note:** Write out the number in words.

1. $390 + 10 =$ _____

2. $15 + 700 =$ _____

3. $25 \times 100 =$ _____

4. $100.000 \div 20 =$ _____

5. $333 + 171 =$ _____

6. $30 \times 6 =$ _____

7. $111 \times 8 =$ _____

8. $3000 \div 3 =$ _____

9. $256 + 444 =$ _____

10. $118 - 44 =$ _____

Funciones y estructuras: Talking about past activities with the preterite tense

WB5-4. Comparaciones Compare these past actions by completing each sentence with the appropriate preterite form of the given verbs.

> MODELO levantarse: *Me levanté* a las diez hoy, pero el presidente *se levantó* a las cinco.

1. escribir: (Yo) No les _____ ningún correo electrónico a mis amigos esta semana porque en la clase de inglés nosotros _____ tres composiciones.

2. mirar: (Yo) _____ los premios Óscar en la tele este año; también los _____ mis hermanas. ¿Los _____ tú?

3. jubilarse: Mi abuelo _____ en 1999, pero los abuelos de Tere _____ el año pasado.

4. sacar: (Yo) _____ una buena nota en el examen de filosofía, pero Beatriz y Ricardo _____ muy malas notas. Tal vez tengan que repetir el curso. ¿Qué nota _____ tú?

5. comer: ¡Qué desastre! ¡(Yo) _____ ocho chocolates anoche y mi compañero(a) _____ diez!

WB5-5. La nueva estudiante Eloísa is a new student in your psychology class. You have found out that she came from Ecuador and you want to get to know her. Use items from the lists to write five questions you would like to ask her. You may also come up with your own items. Conjugate the verbs in the **tú** form of the preterite.

> MODELO *¿Dónde aprendiste inglés?*

cuál	**nacer**
cuándo	**graduarse de…**
cuántos(as)	**llegar a…**
dónde	**estudiar…**
por qué	**mudarse a…**
qué	**aprender…**

1. _____

2. _____

3. _____

4. _____

5. _____

Funciones y estructuras: Referring to past events with *hace... que*

WB5-6. Los Sotomayor Read the sentences below and indicate the name(s) of the person(s) who is (are) probably saying them.
¡OJO! Assume that this is the year 2005.

Demetrio, 25 años
Mateo, 11 años
Alana, 19 años

Mónica, 48 años
doña Sofía, 57 años
Andrés, 51 años

_____ 1. «Hace menos de quince años que nací. ¡Soy muy joven!»

_____ 2. «Nos casamos hace veintisiete años y somos muy felices.»

_____ 3. «Hace siete años que me gradué de la escuela secundaria y hoy soy ingeniero.»

_____ 4. «Hace diez años que me jubilé, después de trabajar por más de treinta años.»

_____ 5. «Cumplí quince años hace cuatro años. Me hicieron una fiesta preciosa.»

_____ 6. «Hace sólo unos meses que celebré mi cumpleaños número cuarenta y ocho.»

_____ 7. «Hace más de cincuenta años que nació mi querido hijo.»

_____ 8. «Hace un año que me gradué de la escuela secundaria. Ahora estudio en la universidad.»

_____ 9. «Hace más de veintiséis años que trabajo como enfermera.»

_____ 10. «Tomé un examen de aritmética hace sólo cinco horas.»

WB5-7. ¿Hace cuánto tiempo que...? Answer the questions with information about your life.

MODELOS   ¿Hace cuánto tiempo que...
   estudias en esta universidad?
   Hace tres años que estudio en esta universidad.
   reparaste algo?
   Hace una semana que reparé la bicicleta de mi amiga Suzy.

¿Hace cuánto tiempo que...

1. empezaste a estudiar en esta universidad?

   _____

2. vives en este pueblo o en esta ciudad?

   _____

3. estás haciendo la tarea para la clase de español?

   _____

4. comiste en un restaurante de comida china?

   _____

5. saliste con un(a) amigo(a)?

   _____

6. terminaste un proyecto importante?

   _____

7. estudias (tu especialidad)?

_____

8. tomaste un autobús?

_____

Escritura

> **ATAJO** **Phrases/Functions:** talking about past events
> **Vocabulary:** numbers 1,000–, time: expressions describing upbringing
> **Grammar:** verbs: preterite

WB5-8. Una persona especial Your Spanish-speaking friend has asked you about the person who has had the most influence in your life, and you have decided to write a short biography of this person. Include the following:

- name
- reason why this person is important to you
- date of birth
- accomplishments
- other important facts

Paso 1: Preparación Look at the information points mentioned above and jot down any ideas that come to mind.

Paso 2: El borrador Write the first draft of this person's biography.

Paso 3: Revisión Consider the following questions in order to revise the **borrador.**

1. Did you provide enough information for each of the five points? Is it necessary to add more details?
2. Would you change the organization of your short biography or is the order effective?
3. Did you use the appropriate vocabulary you learned in this **Tema**? Are the verbs correctly conjugated in the preterite tense?

Paso 4: La versión final Based on the answers to the previous questions, make the necessary changes and incorporate any new ideas that you have thought of. Before you hand in the final version of your description, read it one more time and check for spelling errors.

Tema 2 Buenos recuerdos

Vocabulario: Los preparativos para un viaje

WB5-9. Asociaciones Match the travel documents in column B with the place where you can obtain them in column A.

A	B
___ 1. aeropuerto	a. boleto
___ 2. oficina de correos	b. tarjeta de embarque
___ 3. embajada	c. pasaporte
___ 4. banco	d. visa
___ 5. agencia de viajes	e. cheques de viajero

WB5-10. Empacando para un viaje Where should you pack the following items? Indicate the ideal place.

los cheques de   un traje   los boletos   los lentes de sol
   viajero   las tarjetas de crédito   el pasaporte   una computadora
una revista   la cámara fotográfica   una botella de agua   portátil
los documentos   una chaqueta   una gorra   una calculadora
   importantes   los zapatos   tu iPod
el dinero en efectivo   tu teléfono móvil
las medicinas

la maleta	la mochila	el maletín	la billetera

WB5-11. Definiciones For each of the following definitions, write the letter of the corresponding term.
¡OJO! Not all of the terms will be used!

a. boleto

b. cambiar dinero

c. equipaje

d. maleta

e. mostrar el pasaporte

f. pasaporte

g. pasillo

h. sala de espera

i. tarjeta de embarque

j. visa

_____ 1. Cuando Ud. está en España y necesita euros, pero sólo tiene cheques de viajero, Ud. debe ir a un banco y...

_____ 2. Cuando una persona empaca su ropa y los artículos necesarios para las vacaciones, normalmente pone todo en una...

_____ 3. Es el documento oficial que demuestra la ciudadanía de una persona. Es casi obligatorio para todos los viajes internacionales, excepto entre países como los Estados Unidos y México.

_____ 4. Es el recibo que le dan cuando paga dinero para viajar por avión. Hoy en día, por ser más eficiente y económico, muchas aerolíneas sólo producen una forma electrónica de este documento, en vez de enviarlo en papel.

_____ 5. Es lo que hace un viajero al pasar por la aduana en el aeropuerto.

_____ 6. Es todo lo que lleva un turista (maletas, mochilas, bolsas, etc.).

_____ 7. Si a Ud. no le gusta ver por la ventanilla del avión al viajar, o si necesita levantarse o usar los servicios a menudo, se le recomienda este tipo de asiento.

Funciones y estructuras: Talking about past activities with stem-changing verbs in the preterite and the verbs *dar, ir, ser,* and *ver*

WB5-12. ¡Lo que hizo Manuel! Complete the paragraph with the correct preterite form of the appropriate verb from the list below.

preferir   conseguir   sugerir   creer   ir   divertirse   mentir   comprar

¡Te voy a contar lo que hizo Manuel! Él _____ una oferta buenísima por el Internet para ir a Ecuador y lo _____ inmediatamente. Al día siguiente, (él) le _____ a su jefe; le dijo que su madre estaba enferma y que tenía que verla. El jefe no le _____, pero (él) _____ no crear problemas y le _____ permiso. ¡Y hasta *(even)* (él) le _____ que le llevara flores a su madre! Pues Manuel agarró sus maletas y se _____ a Ecuador por una semana. (Él) _____ muchísimo. Dice que la gente es muy simpática y que Ecuador es un país bellísimo.

WB5-13. Tu mejor amigo(a) Indicate whether your best friend did or did not do the following things yesterday. Provide additional information when possible.

> MODELO   dormir hasta el mediodía
> *Sara no durmió hasta el mediodía ayer. Ella se levantó muy temprano y fue a trabajar.*

1. ir a un centro comercial

   _____

2. leer una novela de Stephen King

   _____

3. vestirse bien

   _____

4. hacer una fiesta

   _____

5. reírse a carcajadas

   _____

6. ver una película de horror

   _____

Funciones y estructuras: Avoiding repetition with direct object pronouns

WB5-14. Un recuento mental You are getting ready to leave for your trip and you are making sure you know where everything is and that everything is ready. Complete each sentence with the appropriate direct object pronoun.

> MODELO   El boleto, *lo* tengo en el bolsillo.

1. Las mochilas, _____ llevé al carro.
2. Los pasaportes, _____ guardé en mi mochila.
3. Cristina, ya _____ llamé por el celular.
4. Mis padres, _____ voy a buscar a su casa.
5. Las gatas, Fernando _____ viene a recoger esta noche.
6. El equipaje de mano, tú _____ tienes.

Nombre _____   **Fecha** _____

WB5-15. No repitas, por favor Create questions using the following elements and changing direct objects to pronouns. Note that the subject is at the end of the sequence.

> MODELO   el avión / abordar a tiempo / Uds.
> *¿Lo abordaron a tiempo Uds.?*

1. a nosotros / llamar antes de salir / Uds.

   _____

2. los cheques de viajero / cambiar / Daniel

   _____

3. la cartera / comprar hace poco / ellas

   _____

4. las maletas / empacar anoche / tú

   _____

5. los asientos / reservar por el Internet / Tatiana

   _____

6. a ti / llevar al aeropuerto / tu novio

   _____

7. a mí / incluir en los planes / tú

   _____

8. el billete / sacar antes de hacer fila / nosotros

   _____

Escritura

Phrases/Functions: talking about past events, planning a vacation
Vocabulary: traveling; leisure
Grammar: verbs: preterite

WB5-16. Tus vacaciones más recientes A travel agency is conducting an informal survey and wants to know what your last vacation was like. In particular, they want to know (1) how you purchased your ticket (online or through a travel agent), (2) how many suitcases and carry-ons you took, (3) where you went, (4) where you stayed, and (5) what fun things you did.

Paso 1: Preparación Take a few minutes to think about your last vacation and try to recall as much information as possible. Try to make a list of ideas.

Paso 2: El borrador Using the ideas you wrote down in the **Preparación** section, write the first draft.

Paso 3: Revisión Revise your first draft according to the following criteria:

1. accuracy and quality of the information provided (Could anything else be said? Is it necessary to add more information? Will the travel agency be able to learn something from what you discussed?)
2. structure of the description (Is it logically organized from beginning to end? Would it be more effective to change the order?)
3. vocabulary and grammar (Did you incorporate vocabulary from this **Tema**? Are the verbs correctly conjugated?)

Paso 4: La versión final Make the necessary changes and incorporate any new ideas that you have thought of. Before you hand in the final version of your description, read it one more time and check for spelling errors.

Cuaderno de ejercicios   Capítulo 5 | Tema 2   **81**

Tema 3 Incidentes

Vocabulario: El cuerpo humano

WB5-17. Las partes del cuerpo. Label the parts of the body.

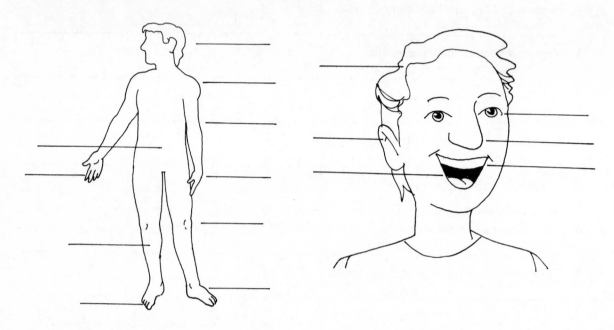

WB5-18. ¿Cuál no corresponde? For each group, circle the body part that does not belong.

1. cejas, brazos, piernas, manos
2. piel, cejas, pelo, codo
3. codo, hombro, cara, rodilla
4. ojos, nariz, orejas, mano
5. pulmones, tobillo, corazón, estómago

WB5-19. ¿Qué parte es? Write the name of the body part described.

1. Sirve para hablar y comer. _____

2. Los usas para ver. Pueden ser de varios colores. _____

3. Son necesarias para escuchar. Están a cada lado de la cara. _____

4. Los usas para caminar. Para protegerlos, usas zapatos. _____

5. Las usas para escribir. Cada una tiene cinco dedos. _____

6. Conectan los brazos con el resto del cuerpo. _____

7. Es un órgano de la digestión. Está en el abdomen. _____

8. Dan estructura al cuerpo. Son rígidos y pueden fracturarse. _____

9. Es muy prominente en la cara. Te permite oler. _____

10. Cubre y protege todo el cuerpo. Puede tener diferentes pigmentaciones. _____

Funciones y estructuras: Talking about past activities with other stem-changing verbs

WB5-20. El año pasado... Complete the chart with things you did last year.

Pude...	Quise...
Conduje a...	Tuve que...

WB5-21. ¿Qué pasó ayer? To find out what happened yesterday, combine the given clues and form sentences.

> MODELO   Jason / tener que / ir a la sala de emergencias
> *Jason tuvo que ir a la sala de emergencias.*

1. yo / hacer / una cita / con el cirujano plástico

   _____

2. mis hermanas / estar / en la peluquería / por la tarde

   _____

3. ¿tú / traducir / el anuncio sobre seguridad / al alemán?

   _____

4. nosotros / querer / hacer ejercicio / en el parque

   _____

5. haber / una feria / de salud / en el centro

   _____

6. Paco y Mauricio / andar / por la orilla / del río

   _____

7. Nancy / traer / los folletos / sobre problemas cardíacos

   _____

8. yo / decir / que quería / perder peso

   _____

Funciones y estructuras: Talking about incidents and mishaps

WB5-22. Accidentes Use the verbs provided to describe what happened to these people.

caerse   desmayarse   quemarse...   romperse...   torcerse...

Rocío...

El niño...

Samuel...

1. _____   2. _____   3. _____

La Sra. Vega...

Mi padre...

4. _____   5. _____

WB5-23. ¿Qué es? Match each mishap, incident, or accident on the left with the appropriate definition on the right.

____ 1. vomitar

____ 2. hincharse

____ 3. contagiarse

____ 4. enyesar

____ 5. tener fiebre

____ 6. desmayarse

____ 7. darse con

____ 8. resfriarse

a. sentirse congestionado y muy enfermo

b. inflamarse, ponerse, más grande de lo normal

c. contraer una enfermedad de otra persona

d. golpearse con una cosa

e. cubrir con un material sólido y blanco una parte del cuerpo

f. tener la temperatura del cuerpo más alta de lo normal

g. expulsar por la boca lo que hay en el estómago

h. perder el conocimiento y caerse

Lectura

WB5-24. Jóvenes protagonistas

Antes de leer

1. Rapidly skim the text and try to determine what this article is about. ___
   a. the accomplishments of young Latin leaders
   b. the difficulties that young Latin leaders have had to face
   c. the future prospects for young Latin leaders

2. In what type of publication did this article most likely appear originally? ___
   a. a news magazine like *Time*
   b. a tabloid like *Star*
   c. a newspaper like *The Wall Street Journal*
   d. a scholarly journal like *Communication Today*

Menores de cuarenta

SEMANA presenta a los protagonistas de Colombia en los próximos años

por Alejandro Santos Rubino

María Consuelo Araújo, Ministra de Cultura

Siempre fue *(was)* una estudiante de cinco sobre cinco, pero adonde llegaba armaba desde una fiesta hasta un campeonato de vóleibol. La Universidad Externado, donde estudió finanzas y relaciones internacionales, la becó *(gave her a scholarship)* la mayor parte de la carrera por su alto promedio académico. Una vez terminó, fue aceptada para realizar la especialización en gobierno, gerencia y asuntos públicos de la Universidad de Colombia.

En 2002 fue escogida como uno de los 100 líderes mundiales del mañana por el World Economic Forum en Suiza, organización que volvió a escogerla en enero de este año como uno de los líderes mundiales capacitados para plantear las perspectivas globales del 2005 al 2020.

Esteban Cortázar, Diseñador de modas

De su padre, el pintor Valentino Cortázar, heredó el talento del color y las formas. De su madre, la cantante de jazz Dominique Vaughan, la pasión por cantar y bailar. Cuando se mudó a South Beach (Miami) con su padre, decoraba vitrinas a cinco dólares el día. A los 13 años tuvo una revelación: asistió a su primer desfile de alta costura. En ese momento, rodeado de vestidos, modelos y maquillaje, decidió convertirse en diseñador. Y no tardó mucho. A los 17 presentó su primera colección en la New York Fashion Week —cita a la que no ha faltado desde entonces— y se convirtió en el modisto más joven en pisar la pasarela de la gran ciudad. A su edad, este muchacho desgarbado y arrogante se da el lujo de vender sus prendas hasta por 5.000 dólares; de vestir a supermodelos como Naomi Campbell, Alek Wek o Carmen Kaas, y de ser, ni más ni menos, una de las mayores promesas del mundo de la moda.

Shakira, cantante

Desde que a los 8 años escribió su primera canción, Shakira se dedicó a cantar en donde la dejaran. A los 13 años, luego de una audición improvisada frente a un ejecutivo de Sony Music, firmó contrato con la disquera y grabó el disco *Magia*. Dos años después lanzó *Peligro,* ambos trabajos con modesto éxito. Pero en 1996, con el lanzamiento de *Pies descalzos,* la carrera de la joven barranquillera despegó y la dio a conocer en toda América Latina. Su siguiente trabajo, *¿Dónde están los ladrones?,* producido por ella misma, consolidó su fama y le dio varios premios. Con *Laundry Service (Servicio de Lavandería),* se lanzó a la conquista del mercado anglosajón y vendió 13 millones de copias en todo el mundo. Además de dedicarle casi todo su tiempo a la música —pues compone, produce, toca varios instrumentos y canta— Shakira promueve la educación de niños de escasos recursos a través de su fundación Pies Descalzos. En 2005 fue el lanzamiento de *Fijación oral,* su más reciente trabajo.

Artículo de la *Revista Semana,* Bogota, Columbia, 2005

A leer

3. Indicate who is being described.
   i. es un joven artista de la moda _____

   ii. tiene un importante puesto político _____

   iii es una cantante famosa en todo el mundo _____

4. Reconstruct the biography of **one** of these young Colombians.

	María Consuelo Araújo	Esteban Cortázar	Shakira
¿Cómo empezó su carrera?			
Logros *(achievements)*			
¿Qué hace ahora?			

5. Linguistic focus: Underline all the verbs in the preterite tense that you find in each biography. What verb is used the most? _____

6. Find the meaning of the highlighted words or phrases.

   _____ a. ...estudiante de **cinco sobre cinco...**
      1. outstanding
      2. average
      3. poor

   _____ b. ...adonde llegaba **armaba** desde una fiesta hasta un campeonato de vóleibol.
      1. attended
      2. organized
      3. heard about

   _____ c. De su padre, el pintor Valentino Cortázar, **heredó** el talento del color y las formas.
      1. obtained
      2. inspired
      3. inherited

   _____ d. ...firmó contrato con la disquera y **grabó** el disco *Magia*.
      1. recorded
      2. launched
      3. produced

   _____ e. Dos años después **lanzó** *Peligro*...
      1. recorded
      2. launched
      3. produced

   _____ f. Shakira promueve la educación de niños de **escasos recursos** a través de su fundación Pies Descalzos.
      1. rich
      2. poor
      3. handicapped

Después de leer

7. In your opinion, who is the most interesting individual? (Briefly justify your choice in Spanish.)

   _____

   _____

Nombre _____ **Fecha** _____

Autoexamen

Vocabulario

WB5-25. Fechas importantes Write out in Spanish the year in which the following historical events took place.

1. Fundación de la primera colonia inglesa en Jamestown (1607)

   _____

2. Independencia de los Estados Unidos (1776)

   _____

3. Fin de la Guerra Civil de los EE.UU. (1865)

   _____

4. Llegada del primer estadounidense a la Luna (1969)

   _____

5. Caída del muro de Berlín (1989)

   _____

WB5-26. Preparativos para un viaje Complete the paragraph with the appropriate word from the list below.

maletas   pasaporte   tarjeta de embarque   boleto   ventanilla   cheques de viajero

Creo que ya estoy listo para mis vacaciones en las Islas Galápagos, en Ecuador. El mes pasado fui a la oficina postal y solicité mi (1)_____. Me lo entregaron hace ocho días. La semana pasada fui a la agencia de viajes y compré mi (2)_____ de avión. También hice mis reservas de hotel y del crucero por las islas. El viernes fui al banco y compré (3)_____ para estar más seguro. Finalmente, anoche empaqué mis (4)_____. Ahora, solamente necesito ir al aeropuerto y obtener mi (5)_____ para abordar el avión y salir de vacaciones.

WB5-27. ¿Para qué sirve? Imagine that you work for a drugstore with a large Spanish-speaking clientele. Explain to a customer what body part each of the following products is meant for.

la nariz, el estómago, la cabeza, la garganta, los hombros,

los ojos, los pies, el pelo, la piel, las uñas, los dientes

1. Aspirin _____

2. Pepto-Bismol _____

3. Claritin _____

4. Ben-Gay _____

5. Visine _____

6. Calamine lotion _____

7. Selsun Blue _____

8. Odor Eaters _____

9. Colgate _____

10. Chloraseptic _____

Funciones y estructuras

WB5-28. El pasado Convert the following present tense sentences to past tense by writing the appropriate preterite verb on the line.

Los eventos importantes y las fechas

1. Mi hermanito nace en agosto. _____

2. Ellos se gradúan en mayo. _____

3. Pago la cuota para la fiesta de jubilación de Ana. _____

4. Yo empiezo mis fiestas a las diez de la noche. _____

Los preparativos para un viaje

5. Ellos prefieren irse en avión, no en tren. _____

6. Estela duerme durante todo el vuelo. _____

7. (Ellos) distribuyen las maletas perdidas en esa oficina. _____

8. Nosotros tenemos que embarcar rápidamente. _____

El cuerpo humano

9. Vosotros estáis enfermos con fiebre y tos. _____

10. El doctor le pone una inyección a María. _____

11. (Yo) Me rompo una pierna jugando al fútbol. _____

12. Tú te das con la puerta en la cabeza . _____

WB5-29. Los pronombres Respond to the following questions according to the cues. Make sure that you avoid repetitions by using the appropriate direct object pronouns.

1. ¿Conoces a mi tía Isabel?

   No, no _____ conozco.

2. ¿Escribiste las invitaciones para la fiesta?

   Sí, _____ escribí.

3. ¿Compraste el disco compacto de la orquesta filarmónica?

   Claro que sí _____ compré.

4. ¿Me puedes llamar durante las vacaciones?

   Lo siento, pero no _____ puedo llamar.

5. ¿Leíste la nueva novela de Isabel Allende?

   No, no _____ leí.

6. ¿Tocas el piano y el violín?

   Sí, _____ toco, y muy bien.

7. Tienes que encontrarnos a Ana y a mí en la biblioteca, ¿no?

   Sí, _____ tengo que encontrar ahí.

8. ¿Me vas ayudar con la tarea?

   Sí, _____ voy a ayudar.

Cultura

WB5-30. Identificaciones Identify the following famous Ecuadorian sites mentioned in **Capítulo 5** by matching them with their descriptions in the second column.

____ 1. Quito

____ 2. Cuenca

____ 3. Ingapirca

____ 4. Otabal

____ 5. Galápagos

a. ciudad colonial

b. famosas ruinas incas

c. ciudad famosa por sus textiles

d. capital de Ecuador

e. islas estudiadas por Charles Darwin

Capítulo **6** Recuerdos

Tema 1 La ciudad

Vocabulario: El mundo urbano

WB6-1. Repaso: los lugares de interés de la ciudad Imagine that you are in Nicaragua and would like to do some of the following activities. Where can you go to do them? Write the name of a suitable building (or place) next to each activity.

1. para comprar artesanías locales _____

2. para hacer deporte _____

3. para conocer la historia de Nicaragua _____

4. para comer _____

5. para buscar alojamiento *(lodging)* _____

WB6-2. Asociaciones Match the service on the left with the professional on the right.

_____ 1. educación   a. policía vial

_____ 2. salud   b. paramédico

_____ 3. tránsito   c. alcalde

_____ 4. seguridad   d. policía

_____ 5. administración / gobierno   e. profesor

WB6-3. Los servicios públicos y privados If a visiting student from Costa Rica asked you about public services available in your city or region, what would you say? Answer her questions about the service providers in your area.

MODELO   ¿Tiene cable tu familia? ¿Quién provee el servicio?
              Sí, tenemos cable. La compañía Comcast lo provee.

1. En tu ciudad, ¿qué compañía(s) provee(n) la luz?

_____

2. ¿Tienes conexión al Internet? ¿Qué compañía te la provee? ¿Cuánto cuesta al mes?

_____

3. ¿Qué sistemas de transporte público hay en tu ciudad? ¿Cuáles utilizas tú?

_____

4. ¿Qué compañía te provee el servicio de teléfono de larga distancia? ¿Cuánto pagas al mes?

_____

Funciones y estructuras: Expressing generalizations with indefinite words (and review of negative words)

WB6-4. Allí, sí; pero allá, no Alba and Olivia are twins attending different universities in their freshman year. While Alba is having problems with the state of her dorm and the services provided, everything is fine for Olivia. In the following conversation, Olivia tries to convince her mother that everything is fine. Fill in each blank with an appropriate negative word from the list.

nada   nadie   ni   ningún   ninguna   no   nunca

MAMÁ: Olivia, hija mía..., ¿qué tal todo allá? Acabo de hablar con Alba, ¡y su residencia es un desastre!

OLIVIA: No te preocupes, mamá. (1) _____ hay (2) _____ problema aquí. Me encanta.

MAMÁ: ¡Qué suerte tienes...! Ay, ¡pobre Alba! La gente allí es tan antipática. (3)_____ estudiante ayuda a limpiar la residencia, ponen la televisión y los estéreos muy fuerte y dejan basura en el pasillo. No se puede encontrar a (4) _____ empleado de la administración para quejarse.

OLIVIA: Pues, aquí los estudiantes y los empleados son súper amables. (5)_____ me molesta; (6) _____ hay mucho ruido y (7) _____ sale sin sacar la basura.

MAMÁ: En la residencia de Alba no se provee (8) _____ cable (9)_____ teléfono. ¡Ella tiene que ir al centro estudiantil para mirar televisión y para llamarnos! ¿A ti te falta algo, Olivia?

OLIVIA: Mamá, te juro que (10) _____ necesito (11) _____.

MAMÁ: Olivia, no lo entiendo. ¿Cómo pueden ser tan diferentes dos universidades?

OLIVIA: No hay (12) _____ universidad completamente idéntica a otra. Cada una tiene sus preferencias en cuanto a los servicios que les ofrece a los alumnos. ¿Qué va a hacer Alba?

MAMÁ: No estamos seguros. Obviamente, (13) _____ quiere quedarse allí. Ella piensa volver a casa mañana.

OLIVIA: Pues, la voy a llamar ahora. Buena suerte, mamá. Un beso.

MAMÁ: Chao, hija. Un beso.

WB6-5. Preguntas Write the appropriate indefinite word from the list to complete each question. Then, respond to the question according to your experience.

algo   alguien   algún día   alguna vez   algunas   algunos

1. ¿Estuviste _____ más de tres horas en un embotellamiento de tránsito (*traffic jam*)?

   _____

2. ¿_____ te ayudó con la tarea para la clase de hoy?

   _____

3. ¿Piensas viajar a Costa Rica para estudiar _____?

   _____

4. ¿_____ profesores de tu universidad dan exámenes muy díficiles?

   _____

5. ¿Recibiste _____ muy especial al graduarte de la escuela secundaria?

_____

6. ¿Hay _____ personas hispanas en tu clase de español?

_____

Funciones y estructuras: Describing the past with the imperfect tense

WB6-6. Las tradiciones While growing up, many of our activities were determined by family traditions or customs. Using the imperfect, describe some of your family's traditional activities.

MODELO   Todos los años, en agosto, todos los parientes *venían* a nuestra casa para *una reunión familiar.*

1. En diciembre, mi familia _____ (celebrar)

_____ .

2. Durante el verano, (nosotros) _____ (ir) a _____ para

_____ .

3. El Día de la Independencia, a mí me _____ (gustar)

_____ .

4. Los niños y los jóvenes _____ (volver) a la escuela en

_____ .

5. Generalmente, mi padre/madre (levantarse) _____ a las _____, pero los

sábados y domingos _____ (dormir) hasta _____ .

6. Cada _____, _____ (haber) una fiesta para

_____ .

WB6-7. Cuando era *(she was)* niña Inés has written the following description of her typical activities during her elementary school days. Complete the paragraphs with the correct imperfect form of the appropriate verb from the list. **¡OJO!** Some of the verbs may be used more than once.

ayudar	**haber**	**poder**
castigar *(to punish)*	**hacer**	**practicar**
comer	**jugar**	**saber**
correr	**mirar**	**tener**
divertir	**necesitar**	**tomar**
gustar	**parecer**	**volver**

De veras, no me (1) _____ mucho la escuela. Casi siempre (2) _____ clases aburridas,

porque muchos de los maestros no (3) _____ enseñar bien y no (4) _____ suficientes

recursos para comprar los libros y las computadoras que nosotros (5) _____. Mi amiga íntima,

Raquel, me (6) _____ a sobrevivir el aburrimiento. Ella me (7) _____ y siempre me

(8) _____ reír. ¡A veces los maestros nos (9) _____ por reírnos tanto!

Para hacer algo diferente después de las clases, yo (10) _____ deportes con otros niños del barrio

en el parque nacional. Nosotros (11) _____ al béisbol o al fútbol toda la tarde hasta la hora de

comer. Entonces yo (12) _____ a casa, (13) _____ con mis padres y después nosotros

(14) _____ uno o dos programas en la televisión. Durante la semana, (15) _____ que

acostarme a las nueve, pero los fines de semana (16) _____ esperar hasta las diez y media.

En general, mi vida (17) _____ la de una niña típica, y nada más.

Escritura

 Phrases/Functions: comparing and contrasting, talking about the present, talking about the recent past
Vocabulary: city, house, cultural periods and movements
Grammar: verbs: imperfect tense, verbs: present

WB6-8. Cómo era y cómo es Your Costa Rican pen pal wants to know how things have changed in a big U.S. city with regard to:

- population
- public services
- urban problems

Paso 1: Preparación Pick a U.S. city with which you are very familiar, look at the information points mentioned above, and think about what you can say about this city. Write these ideas down in a logical order.

Paso 2: El borrador Write the first draft of your description.

Paso 3: Revisión Consider the following questions in order to revise the **borrador.**

1. Did you provide enough information for each of the four points? Is it necessary to include more details?
2. Would you change the organization of your description?
3. Did you use the appropriate vocabulary you learned in this **Tema**? Did you conjugate verbs in the present and imperfect tenses correctly?

Paso 4: La versión final Based on the answers to the previous questions, make the necessary changes and incorporate any new ideas that you have thought of. Before you hand in the final version of your description, read it one more time and check for spelling errors.

Tema 2 La naturaleza

Vocabulario: La vida en el campo

WB6-9. Asociaciones Indicate which words in the first column describe the geographical locations given in the second column.

____ 1. mar

____ 2. isla

____ 3. montañas

____ 4. volcán

____ 5. lago

____ 6. río

____ 7. desierto

a. los Andes, los Alpes

b. Maracaibo, Titicaca, Superior

c. Puerto Rico, Malvinas, Margarita

d. Atacama, Sahara

e. Orinoco, Amazonas, Mississippi

f. Caribe, Mediterráneo

g. Arenal, Irazú, Vesuvio

WB6-10. El tiempo libre What recommendations for activities would you give to people going to the following places? Name two different activities for each place below.

MODELO   Si estás cerca de los lagos de Minnesota en julio, puedes *nadar* y
esquiar en el agua.

1. Si vas a una playa en la Florida, puedes _____ y _____.

2. Si estás cerca de Vail, Colorado, en el invierno, debes _____ y _____.

3. Si visitas Hawai, tienes que _____ y _____.

4. Si quieres _____ y _____, puedes ir a un bosque cerca de la ciudad.

5. En Costa Rica, los turistas pueden _____ y _____.

WB6-11. Una vida campesina Complete the paragraph with the appropriate words from the list.

campo   cerdos   cosechar   cultivar   cultivos
finca   gallinas   ganado   sembrar   vacas

La familia Ortiz tiene una (1)_____ típica a unas horas del sur de la ciudad de Guanacaste, en Costa Rica. Los días allí son muy ocupados. El Sr. Ortiz y varios trabajadores se encargan de los (2)_____. Primero, (3)_____ las semillas (*seeds*), (4)_____ las plantas, y al final de la estación, (5)_____ todo. Mientras tanto, la Sra. Ortiz y los hijos tienen que criar el (6)_____. Ellos además tienen (7)_____ para los huevos, (8)_____ para la leche y unos (9)_____ enormes para el tocino, el jamón, etc. La vida en el (10)_____ no es fácil, y cada uno tiene que cumplir con sus obligaciones para asegurar el bienestar (*well-being*) de la familia.

Funciones y estructuras: Describing the past with irregular verbs in the imperfect tense

WB6-12. Las vacaciones de mi niñez What were the vacations that you used to take with your family as a child typically like? Relate some of that information here by completing the following sentences. Use the imperfect tense, and where you see a question mark, provide the logical information.

MODELOS   Mientras que muchos amigos (ir de vacaciones en ?), mi familia siempre (viajar en ?)
Mientras que muchos amigos iban de vacaciones en avión, mi familia siempre viajaba en tren.

1. Para las vacaciones, normalmente mi familia (ir a ?)

_____

2. Allí nosotros (ver ?)

_____

3. Con frecuencia, nosotros (quedarse en ?)

_____

4. Mis padres (preparar ?) mientras yo (jugar ?)

_____

5. A mí me (gustar ?) porque (ser ?)

_____

6. Al final, cuando (ser el día de partir) y nosotros (volver a casa), yo siempre (estar ?)

_____

WB6-13. Recordando To find out what Doris says about Eric, choose the most logical verbs according to context.

Cuando Eric (1. a. era b. iba c. veía) niño, él (2. a. era b. iba c. veía) muy distinto a los demás. Él nunca (3. a. era b. iba c. veía) al parque para jugar con sus amigos y (4. a. era b. iba c. veía) dibujos animados todo el día en la televisión. Su madre siempre decía que él (5. a. era b. iba c. veía) muy especial y que (6. a. era b. iba c. veía) a llegar a ser algo grande en la vida. Tal parece que desde entonces ella (7. a. era b. iba c. veía) algo en él que los demás no veían.

Funciones y estructuras: Expressing knowledge and familiarity with the verbs *saber* and *conocer*

WB6-14. ¿Cuál será? Write the correct form of the verb **saber** or **conocer** to complete each sentence.

MODELO ¿*Sabe* Ud. el teléfono de la policía?

1. En las fincas, los trabajadores _____ mucho de cultivos.

2. —¿_____ tú a la estudiante nueva de Puntarenas? Se llama Isabela y es muy guapa e inteligente.

   —Sí, la _____ muy bien. ¡Es mi prima!

3. Los bomberos _____ apagar los incendios.

4. Todos los años, (yo) _____ a nuevos estudiantes.

5. —El tráfico está muy congestionado y nosotros no _____ bien ni las carreteras *(highways)* ni las calles de esta ciudad.

   —Me parece buena idea pararnos y buscar un mapa.

6. ¿_____ tú cuánto pagan por el gas cada mes en este apartamento?

7. Yo _____ tocar el piano bastante bien, pero hace muchos años que no toco.

WB6-15. Preguntas Answer the following questions in complete sentences.

1. ¿Sabes cocinar bien? ¿Cuál es el plato que mejor preparas?

   _____

2. ¿Conoces a alguien en la administración de la universidad? ¿Quién es?

   _____

3. ¿Conoces algún lugar para acampar? ¿Lo recomiendas?

   _____

4. ¿Sabías que querías estudiar español cuando estudiabas en la escuela secundaria?

   _____

Escritura

ATAJO Phrases/Functions: talking about past events
Vocabulary: plants: trees, plants: flowers, temperature, time: seasons, animals
Grammar: verbs: imperfect

WB6-16. En contacto con la naturaleza Your professor wants to know about the last time you spent a day in the outdoors. Here are his/her questions.

- Where did you go? Was that your first time there?
- What did you do? Did you like it? Why?
- Whom did you go with? Did you meet new people there?
- Did you learn anything new about yourself through this experience?

Paso 1: Preparación Read the questions above carefully and jot down your ideas. Do not worry about following a specific order at this point!

Paso 2: El borrador Using the ideas you jotted down in the **Preparación** section, write the first draft of your description.

Paso 3: Revisión Revise your first draft according to the following criteria:

1. vividness of the description (Did you include enough details? Is your professor going to be able to recreate what you did that day?)
2. structure of the description (Is it logically organized from beginning to end?)
3. vocabulary and grammar (Did you incorporate vocabulary from this **Tema**? Are the verbs correctly conjugated? Did you use the present, preterite, and imperfect tenses appropriately?)

Paso 4: La versión final Make the necessary changes and incorporate any new ideas that you have thought of. Before you hand in the final version of your description, read it one more time and check for spelling errors.

Tema 3 La conservación del medio ambiente

Vocabulario: La ecología

WB6-17. Los dibujos Label the following illustrations with the correct word from the list.

MODELO   *ecosistema*

ecosistema   extinción   investigar   reciclar   recursos naturales   reforestar   reserva biológica

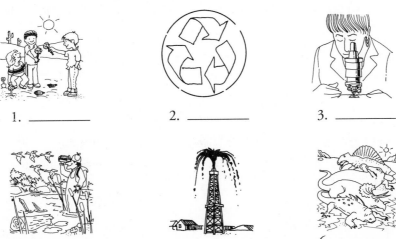

1. _____

2. _____

3. _____

4. _____

5. _____

6. _____

WB6-18. Asociaciones Match the actions related to the preservation of the environment (column A) with the agent or target of those efforts (column B).

A	B
_____ 1. extinguirse	a. la basura
_____ 2. investigar	b. los árboles
_____ 3. reciclar	c. los ríos
_____ 4. reforestar	d. el ecólogo
_____ 5. mantener limpios	e. las especies

WB6-19. Una excursión ecológica Complete the following paragraph with the words from the list below.

reciclar   conservar   fauna   flora   refugio silvestre   ecólogo   extinguirse

La excursión sale de San José en dirección al volcán Poás a las ocho de la mañana. En la ruta, vamos primero a conocer la ciudad de Alajuela y a aprender un poco de su historia. En el camino, vamos también a observar la (1) _____ de la región, en especial sus plantas ornamentales. Hacia el mediodía, vamos a llegar al (2) _____ de Irazú y vamos a observar su (3)_____, que incluye especies exóticas de aves y reptiles. Luego vamos a dirigirnos a la zona de Sarchí, donde vamos a poder hablar con un (4) _____ que conoce muy bien Costa Rica y que nos va a explicar lo que el gobierno está haciendo para (5) _____ la riqueza natural de este país. La duración del viaje es de ocho horas e incluye transporte, entrada, almuerzo y, desde luego, la guía turística.

Funciones y estructuras: Indicating location with demonstrative adjectives and pronouns

WB6-20. Los demostrativos Look at the statements below, which might be said by a typical Spanish-speaking park ranger to a group of visitors. Complete the sentences with the correct form of the appropriate demonstrative adjective.

1. Here, the ranger talks about items that are fairly close in location (**aquí**).

   a. Cuando era niño, me gustaba leer _____ libro sobre la naturaleza cada verano. Me impresionó tanto que ahora soy guardaparques.

   b. _____ vacas no deben entrar en la reserva, pero a veces lo hacen.

   c. A veces usamos _____ helicópteros para llegar a partes lejanas de la selva.

2. Now, the ranger talks about things that are farther away (**ahí**).

   a. Estimadas señoras, pueden comprar _____ fotografía famosa del volcán en la tienda del segundo piso.

   b. Desafortunadamente, _____ animales están en peligro de extinción.

   c. _____ plantas exóticas vinieron de la China y del Japón. Son una especie muy rara.

3. Finally, the ranger makes it evident that he is talking about things and people very far away (**allá**).

   a. Lo siento mucho, pero _____ señora no está siguiendo el reglamento y tiene que abandonar el parque.

   b. ¿Alguien desea subir a la cima *(top)* de _____ montaña?

   c. _____ señor es el Dr. Pereira, un científico muy reconocido y respetado.

WB6-21. ¡No, no, no! David, a Spanish student from the U.S., is working as a "guide-in-training" for a Costa Rican travel group specializing in nature trips. David's trainer, Pedro, tends to correct his mistakes. Fill in Pedro's correction with the correct demonstrative pronoun in the following exchanges between them.

MODELO   David: Y más tarde, vamos a visitar estas reservas biológicas.
Pedro: ¡No, no, no! ¡Vamos a visitar *aquéllas (those far away),* cerca de Puntarenas!

1. DAVID: Vamos a pasar unas horas en esta granja. Uds. pueden recoger esas manzanas que se cultivan en el valle, si quieren probar la fruta de la granja.

   PEDRO: ¡No, no, no! Si ellos quieren manzanas, hay que recoger _____ *(these here)* cerca de la casa.

2. DAVID: Ahora vamos a parar y a descansar. Tenemos un almuerzo preparado para Uds. en este restaurante de aquí.

   PEDRO: ¡No, no, no! Es en _____ *(that one),* al otro lado de la calle.

3. DAVID: ¡Allá, muy lejos, pueden ver la montaña Platanar!

   PEDRO: ¡No, no, no! Platanar es _____ *(this one here)*; _____ *(that one far away)* se llama Cerro Negro.

4. DAVID: Aquí en esta plaza Uds. pueden ver a un grupo de profesores de la universidad que está aquí para hacer investigaciones.

   PEDRO: ¡No, no, no! Son todos empleados de la ciudad y están aquí para un congreso sobre la seguridad en las ciudades. _____ *(these here)* son bomberos; _____ *(those there),* basureros; y _____ *(those further away)* son paramédicos.

5. DAVID: Aquí en Costa Rica hay una gran variedad de animales exóticos. ¡Miren qué caballos tan extraños!

   PEDRO: ¡No, no, no! Creo que necesitas gafas nuevas. _____ *(those there)* son vacas y _____ *(those there)* son toros. Y allí a lo lejos, ¡_____ *(that there)* es un caballo!

Funciones y estructuras: Talking about the past with verbs that change meaning in the preterite

WB6-22. Traducción Determine whether to use the present or preterite tense of the verbs **conocer, poder, querer,** and **saber** and the correct form of the appropriate verb.

MODELO   Los naturalistas *(tried to) quisieron* salvar los animales, pero no tuvieron éxito.

1. Por fin, ¿*(were you able to)* _____ tú encontrar los boletos de avión?

2. El ministerio *(refused)* _____ vender las tierras del parque nacional.

3. La empresa petroquímica *(wants to)* _____ comprar las tierras para explotar los recursos naturales.

4. La gente *(met)* _____ al ecólogo famoso en el congreso que se celebró en enero.

5. Los guardaparques *(found out)* _____ que los turistas destruían mucha flora al acampar en el parque.

6. Nosotros *(cannot)* _____ ir a Costa Rica este verano.

7. Todo el mundo *(knows)* _____ que es necesario proteger el medio ambiente.

8. Yo *(know)* _____ a muchos estudiantes de Costa Rica.

WB6-23. Entrevista Answer these questions in complete sentences.

1. ¿A qué persona(s) conociste recientemente?

_____

2. ¿Qué cosas pudiste hacer de niño? ¿Y qué cosas no pudiste hacer?

_____

3. ¿Qué cosas no quisiste hacer en la escuela secundaria?

_____

4. ¿Qué supiste recientemente?

_____

_____

Lectura

WB6-24. Ecoturismo en Costa Rica: una historia natural

Antes de leer

1. Rapidly skim the text and try to determine what this article is about.
   a. a summary of the different ecological problems caused by tourism in Costa Rica
   b. environment-friendly tourist activities being promoted in Costa Rica
   c. Costa Rican plans for future developments in environment-friendly tourism

Ecoturismo en Costa Rica: una historia natural

¿Quiere ver un mono en su hábitat natural? ¿Divisar una diminuta rana de dardo brillantemente coloreada indicando veneno a lo largo de un sendero? ¿Pararse bajo un gigante árbol tropical cargado con epífitos? ¿Ver una gran mariposa azul, tan bella que es casi increíble? ¿Le gustaría a usted observar los tucanes, los quetzales y las lapas de color escarlata? ¿Qué tal un cocodrilo en la ribera de un río o un delfín arqueándose en el mar? Haga todo esto y más en Costa Rica.

La oportunidad para un encuentro cercano del tipo natural con la cantidad de biodiversidad encontrada en este país pequeño y acogedor atrae a cientos de miles de turistas cada año. Y les debe gustar lo que encuentran porque muchos regresan una y otra vez para explorar los variados hábitats: el bosque lluvioso, el bosque seco, el nuboso, el bosque de robles, el páramo de la montaña y los pantanales, manglares y otros hábitats acuáticos.

¿Qué hay allá afuera? Más de 850 especies de aves, 209 especies mamíferas, 13.000 especies de plantas (incluyendo 1.500 árboles y 1.400 orquídeas), 220 especies de reptiles y 163 especies de anfibios. Por lo que respecta al mundo usualmente diminutivo de los artrópodos —las criaturas con cuerpos segmentados y las extremidades articuladas, como insectos, arañas y cangrejos— hay más de 365.000 especies extrañas y maravillosas que han sido identificadas hasta ahora.

Muchos de los hábitats donde prospera toda esta vida está bajo estado protectivo, con casi 16 por ciento del país distribuido a través de más de 30 parques nacionales, refugios de la fauna silvestre y reservas biológicas que están abiertas para el público. Otro 11 por ciento está en reservas forestales, reservas indígenas y zonas protegidas.

Entonces, hay hábitats protegidos, más de medio millón de especies a través de los ecosistemas y decenas de miles de visitas humanas que esperan verlas. ¿Cómo puede funcionar esto armoniosamente? El ecoturismo ofrece estrategias sostenibles. Ecoturismo significa viajar responsablemente por las áreas naturales, con bajo impacto en el ambiente y en la cultura local, generando ingresos que ayudan a conservar los recursos naturales y que benefician a la población local. A menos que los fondos lleguen a las poblaciones locales, la conservación no es sostenible.

Source: http://costarica.tourism.co.cr/ecotourismo.html

A leer

2. **Facts.** Costa Rica is endowed with a rich and diverse ecosystem. Indicate the number of species that exist in Costa Rica for each of the following.

    a. birds _____

    b. mammals _____

    c. plants _____

    d. reptiles _____

    e. amphibians _____

3. The article mentions seven different habitats found in Costa Rica. What are they?

    a. _____

    b. _____

    c. _____

    d. _____

    e. _____

    f. _____

    g. _____

4. What evidence is provided in support of the idea that ecotourism is a successful venture in Costa Rica?

    _____

5. What percentage of the Costa Rican territory is a natural reserve (total)?

    _____

6. According to the article, what is the key to the success of ecotourism?

    _____

Después de leer

7. In your own words, explain in Spanish how ecotourism works (three to four sentences only).

    _____

    _____

    _____

    _____

Nombre _____ **Fecha** _____

 Autoexamen

Vocabulario

WB6-25. Situación urbana Complete the paragraph with the appropriate word from the list provided.

barrios   transporte   congestión   contaminación   policía vial   costo de vida

San José es una ciudad grande, con muchos lugares para visitar. En el centro hay un poco de

(1) _____, pero los (2) _____ periféricos son tranquilos. El sistema de

(3) _____ es eficiente y económico. Hay autobuses y taxis, pero no hay metro. Como aumenta el

número de automóviles particulares, el problema de la (4) _____ y la congestión nos preocupa

ahora en la ciudad. La (5) _____ estudia en este momento algunas alternativas para solucionar

estos problemas.

WB6-26. Asociaciones Match the animal on the right with its description on the left.

____ 1. es fuerte y bravo   a. gallina

____ 2. sirve para el transporte   b. gato

____ 3. tiene plumas   c. caballo

____ 4. sirve para hacer jamón   d. cerdo

____ 5. vive con los humanos en las ciudades   e. toro

WB6-27. ¿Qué es? Identify the ecological term described.

guardaparques   ecólogo   fauna   extinción   especies   reserva biológica

1. Una persona que estudia el medioambiente y la manera de preservarlo:

   _____

2. Grupos o variedades de plantas o animales:

   _____

3. Muerte del último representante de una variedad de planta o de animal:

   _____

4. Un lugar donde se mantienen las condiciones naturales de una zona o región para preservar las especies que allí viven:

   _____

5. La persona encargada de cuidar un parque o una reserva natural:

   _____

Funciones y estructuras

WB6-28. ¿Cómo debe ser? Complete each sentence with the correct form of the word in parentheses. **Note:** If it is a verb, use the present, the preterite, or the imperfect tense.

1. En 1978, yo _____ (tener) sólo cuatro años.

2. ¡Qué sorpresa! No veo _____ (ninguno) camión en las carreteras hoy.

3. Recuerdo muy bien el día en el que _____ (conocer) a mi futuro esposo: fue el 27 de septiembre de 1986.

4. Tus abuelos vivían en una finca, ¿verdad? ¿_____ (ir) tú allí para pasar las vacaciones?

5. _____ (Este/Ese/Aquel) río en la distancia se llama el Río Grande.

6. ¿Hace cuánto tiempo _____ (saber) Uds. tocar la guitarra?

7. ¿Sacaste _____ (alguno) fotos cuando visitaste el parque nacional?

8. Durante todo el año pasado, nosotros _____ (hacer) planes para hacer una excursión a la selva; pero, a última hora, no _____ (poder) ir.

9. De niña, yo _____ (querer) ser naturalista, así que _____ (leer) muchos libros de ciencia, especialmente de biología.

10. Cuando trabajabas en la granja de la familia Acosta, ¿cuántos caballos _____ (haber) en su campo?

WB6-29. Selección Choose the correct alternative according to context.

1. Me gustan mucho (a. estas b. esas) camisas que están aquí.
2. Cuando mis hijos (a. fueron b. eran) pequeños, yo los (a. llevé b. llevaba) al parque todas las tardes.
3. —¿Desea (a. algo b. alguien), señorita?
   —No, gracias. No deseo (a. nada b. algo).
4. Invité a Delia a la fiesta, pero no (a. quiso b. quería) venir porque estaba cansada.
5. —Yo (a. sé b. conozco) hacer una buena lasaña, ¿y tú?
   —No, pero (a. sé b. conozco) un restaurante donde la hacen muy bien.
6. ¿Quieres (a. esta b. ésta) chuleta o (a. esta b. ésta)?

Cultura

WB6-30. ¿Sabes la respuesta? Answer the following questions about Costa Rica.

1. ¿Cuál es la capital de Costa Rica? _____

2. ¿Qué tipo de gobierno tiene este país? _____

3. ¿Qué producto agrícola es una de las exportaciones más importantes de Costa Rica?

   _____

4. ¿Cómo se llama uno de los dos volcanes famosos (mencionados en el texto) cerca de la capital de Costa Rica? _____

5. ¿Qué porcentaje del territorio costarricense está formado por reservas y parques naturales?

   _____

Capítulo **7** Cambios

Tema 1 Mi tierra querida

Vocabulario: Nostalgia

WB7-1. ¿Qué es? Identifica el concepto que se describe en cada frase.

la patria   extrañar   irse   mudarse   olvidar   regresar

1. Cuando dejas de un lugar: _____

2. Cuando cambias de casa: _____

3. Cuando no puedes recordar algo: _____

4. Cuando vuelves a un lugar: _____

5. Cuando piensas mucho en algo o en alguien que está lejos: _____

WB7-2. ¿Extrañas tu casa? Forma cinco oraciones lógicas con las siguientes palabras. (Usa palabras de las tres columnas en cada oración.)

a veces	**regresar**	**mis hermanos**
siempre	**añorar**	**mi mascota**
nunca	**olvidar**	**los quehaceres de la casa**
extrañar	**la cocina de mi mamá**	**mi cuarto**
		mis vecinos

1. _____
2. _____
3. _____
4. _____
5. _____

WB7-3. La primera mudanza Completa el siguiente párrafo con la forma más apropiada de los verbos de la lista.

irnos   volver   extrañar   mudarse   olvidar

Cuando me mudé de casa por primera vez, yo (1) _____ mucho a mis amigos. Quería visitarlos, porque cuando mi familia y yo (2) _____ de esa casa, nosotros (3) _____ darles nuestra nueva dirección. Ahora yo no necesito (4) _____ al barrio para verlos porque, por fortuna, muy poco después de nuestra mudanza, ellos (5) _____ muy cerca de nosotros. Ahora vivimos muy cerca de ellos otra vez.

Funciones y estructuras: Discussing memories with verbs like *gustar*

WB7-4. Reacciones Completa cada oración con la forma correcta del verbo más apropiado de la lista.

> MODELO   A mí me gusta vivir aquí, pero a mi hermana le *encanta.*

doler   faltar   interesar   molestar   parecer   quedar

1. A Lucía no le _____ vivir en una ciudad muy grande. Prefiere los pueblos pequeños.

2. Después de ver tantos apartamentos y tantas casas, a nosotros nos _____ la cabeza.

3. A Tomás y a Anita sólo les _____ unos pocos días antes de mudarse a una nueva ciudad.

4. ¡No me gusta vivir aquí! Cuando salgo, los mosquitos no solamente me _____, sino que me pican también.

5. A mi padre no le _____ muy importantes los asuntos financieros, por eso no tiene el dinero para comprar una casa nueva.

6. A mi marido y a mí nos _____ el dinero para comprar una casa de vacaciones.

WB7-5. Dime cómo eres Tú y uno de tus compañeros están conociéndose. Contesta sus preguntas.

> MODELO   —A mí me encanta escuchar música latina. ¿A ti también?
> —*No, a mí me encanta la música jazz.*

1. —A mí me interesa mucho conocer otras culturas. Y a ti, ¿qué te interesa?

   —_____

2. —A mí me preocupan las posibilidades de empleo para los jóvenes de hoy. ¿A ti también?

   —_____

3. —A mí me molesta la falta de estacionamiento aquí. ¿A ti también?

   —_____

4. —A mí me fascinan las lenguas extranjeras. ¿A ti también?

   —_____

5. —A mí me gusta la comida italiana. ¿A ti también?

   —_____

Funciones y estructuras: Expressing generalizations with the neuter article *lo*

WB7-6. De casa a la universidad Completa las siguientes oraciones, basándote en tus experiencias personales.

> MODELO   Lo peor de asistir a la universidad es *el precio del estacionamiento que tengo que pagar.*

1. Lo más divertido de la vida universitaria es _____.

2. Lo más fácil es _____.

3. Lo más sorprendente es _____.

4. Lo peor es _____.

5. Lo más caro es _____.

WB7-7. ¿Cómo es la vida de beisbolista? Tú eres un(a) periodista que habla español y tu primer trabajo consiste en volar a Chicago para entrevistar al famoso lanzador cubano Orlando «El Duque» Hernández. Empareja cada pregunta con la respuesta apropiada.

_____ 1. ¿Qué es lo mejor de ser un pelotero famoso?

_____ 2. ¿Qué es lo peor de ser una figura pública y conocida?

_____ 3. ¿Qué es lo más difícil de estar lejos de su patria?

_____ 4. ¿Qué es lo más sorprendente de su vida ahora?

_____ 5. ¿Qué es lo mejor de la vida en Chicago?

a. Extrañar mucho a mi familia.

b. La comunidad hispana aquí me apoya mucho.

c. Mi profesión es un deporte. ¡Qué divertido!

d. Los paparazzi me siguen a todas partes.

e. La cantidad de dinero que gano.

Escritura

Phrases/Functions: comparing and contrasting, describing places, comparing and distinguishing
Vocabulary: home, house: living room, house: bedroom, house: furniture
Grammar: verbs: use of **gustar,** verbs: present, verbs: imperfect

WB7-8. ¿Qué recuerdas? Como estabas mirando fotos de la casa donde creciste, estás un poco nostálgico(a) y decidiste hacer una breve comparación escrita de esa casa y de la casa donde vives actualmente. Enfócate en los siguientes puntos:

- localización de ambas *(both)* casas
- descripción general de ambas casas
- lo que más/menos te gusta/gustaba de ambas casas
- lo que le falta/faltaba a ambas casas
- lo bueno/(in)conveniente/malo de ambas casas

Paso 1: Preparación Lee nuevamente los puntos mencionados anteriormente *(above)* y escribe las ideas que te vengan a la mente.

Paso 2: El borrador Escribe el borrador de esta comparación.

Paso 3: Revisión Considera las siguientes preguntas para revisar el borrador.

1. ¿El contenido es apropiado? ¿Desarrollaste todos los puntos? ¿Es necesario dar más detalles?
2. ¿Está bien organizado? ¿Prefieres dar toda la información sobre la casa donde creciste y después la información de la casa donde vives o prefieres escribir sobre ambas simultáneamente?
3. ¿Incorporaste vocabulario de este **Tema**? ¿Usaste los verbos como **gustar** correctamente? ¿Usaste estructuras con **lo**?

Paso 4: La versión final Haz *(Make)* los cambios necesarios de acuerdo con las respuestas a las preguntas de la sección de **Revisión**. Además, añade las ideas nuevas que te vengan a la mente y asegúrate de que no hay errores de ortografía.

Tema 2 Es hora de partir

Vocabulario: Preparativos para una mudanza

WB7-9. Asociaciones Escoge la palabra que no corresponda *(belong)* a cada uno de los siguientes grupos relacionados con las mudanzas. Después, explica por qué es diferente.

1. transporte / guardar / marcar / cargar

_____

2. apartamento / cargar / camión / empacadores

_____

3. manta / envolver / plástico de burbujas / cotización

_____

4. mudanza / trasteo / traslado / cargar

_____

5. empacar / envolver / marcar / manta

_____

WB7-10. ¿Cómo se hace una mudanza? Forma oraciones completas, usando las siguientes palabras. Conjuga los verbos y añade *(add)* los artículos definidos y las preposiciones necesarios.

MODELO   empacadores / marcar / cajas / rotulador
Los empacadores marcan las cajas con un rotulador.

1. compañía / trasladar / empleados

_____

2. empleados / comprar / cajas, cinta y marcadores

_____

3. empleados / familias / empacar / menaje

_____

4. empacadores / poner / cajas / camión

_____

5. algunos clientes / guardar / menaje / bodega

_____

WB7-11. Una mudanza Completa el párrafo con las palabras de la lista.

cinta   marcadores   cajas   mantas   camión   plástico   embalaje

Bueno, ya estoy casi listo para mi traslado. Ayer compré unas (1)_____, un poco de (2)_____ de burbujas y varios rollos de (3)_____. Sin embargo, me olvidé de comprar los (4)_____. Tengo que pasar esta tarde por una papelería para conseguir por lo menos uno negro y uno rojo para los objetos delicados. También necesito pasar por la casa de María Fernanda porque ella me va a prestar unas (5)_____ para proteger el televisor y los muebles. ¡Ah, y que no se me olvide llamar hoy mismo a la compañía de mudanzas para reservar un (6)_____! Eso es tal vez lo más urgente.

Funciones y estructuras: Expressing purpose or reason with the prepositions *por* and *para*

WB7-12. Emparejar Empareja cada frase de la columna de la izquierda con la frase con **por** o **para** de la columna de la derecha que sea más apropiada.

_____ 1. Salieron...

_____ 2. En ruta a la casa nueva en Los Ángeles, pasaron...

_____ 3. Vendió su casa...

_____ 4. Todo el plástico de burbujas es...

_____ 5. Para despedirnos, antes de salir pensamos pasar...

_____ 6. Vivimos en este barrio...

_____ 7. Fui a la bodega...

_____ 8. Le dimos las gracias a su padre...

_____ 9. La cotización final fue hecha...

_____10. Tenemos que tener todo empacado y marcado...

a. para el lunes.

b. para nosotros.

c. para su casa nueva ayer.

d. por poco dinero.

e. por casi diez años.

f. por ayudarnos con la mudanza.

g. por la compañía de mudanzas.

h. por las montañas.

i. por más cajas.

j. por tu casa.

WB7-13. ¿Por o para? Completa las oraciones con **por** o **para.**

MODELO Cuando me mude a España, no voy a enviar mi menaje *por* barco sino *por* avión.

1. La mudanza va a ser más difícil _____ la lluvia.

2. Las tijeras son _____ cortar la cinta.

3. Elisa tiene clases _____ la tarde, así que no podemos salir hasta las siete.

4. Este contenedor es _____ guardar todos los platos.

5. El plástico de burbujas es _____ empacar el menaje.

6. El camión tuvo que pasar _____ el jardín.

7. Esta compañía es famosa _____ tener empacadores muy cuidadosos *(careful).*

8. ¡Voy a faltar al trabajo _____ una semana _____ desempacar todo!

Funciones y estructuras: Referring to the beneficiary of an action by using indirect object pronouns

WB7-14. Pasatiempos Completa cada oración con el pronombre de complemento indirecto apropiado (**me, te, le, nos, les**).

MODELO A mí no *me* gusta mucho mirar la televisión.

1. A mis amigas _____ fascina el arte de cocinar.

2. ¿A ti _____ gusta bailar la salsa?

3. A mucha gente _____ gusta mirar el fútbol.

4. A los peloteros _____ encanta tirar la pelota.

5. ¿A su mamá _____ interesa ir de compras?

6. A los bomberos _____ toca apagar los incendios.

7. A nosotros _____ parece fácil el español.

8. A Gloria Estefan _____ gusta mucho cantar.

WB7-15. ¡El tiempo vuela! Escoge **cinco** de los siguientes acontecimientos *(events)* e indica: (1) cuánto tiempo hace que ocurrió cada uno (usa la estructura **hace** + expresión de tiempo), (2) quién estaba involucrado *(involved)* y (3) por qué ocurrió.

> MODELO   alguien te mandó flores
> *Hace dos meses mis padres me mandaron flores por mi cumpleaños.*

Alguien… te escribió un correo electrónico (una carta)
te dijo gracias
te pidió dinero (perdón)
te dio un regalo

Tú… le compraste a alguien un regalo
le prestaste ropa (dinero, el coche) a alguien
le ayudaste a alguien a…

1. _____
2. _____
3. _____
4. _____
5. _____

Escritura

> **Phrases/Functions:** sequencing events, expressing compulsion and obligation, offering
> **Vocabulary:** home: furniture, directions and distance, tools, traveling
> **Grammar:** verbs: preterite, verbs: imperfect

WB7-16. Una mudanza Imagínate que estás comunicándote por computadora con tu amigo cubano en este preciso momento. Él se va a mudar pronto y te preguntó acerca de *(about)* la última vez que ayudaste a mudarse a otra persona. En particular, él quiere saber (1) a quién le ayudaste a mudarse, (2) qué cosas hiciste por esta persona y (3) por qué (o para qué) hiciste estas cosas.

Paso 1: Preparación Trata de recordar todos los detalles sobre esta mudanza y escribe las ideas en un papel. No te preocupes por la presentación en este momento.

Paso 2: El borrador Organiza las ideas que escribiste en la sección de **Preparación** y escribe el borrador.

Paso 3: Revisión Considera los siguientes puntos y revisa el borrador.

1. Contenido: ¿Se puede decir algo más? ¿Faltan detalles que hagan que la composición sea interesante?
2. Organización: ¿Las ideas siguen un orden lógico? ¿Incluiste una buena introducción y una buena conclusión?
3. Vocabulario y gramática: ¿Usaste vocabulario que aprendiste en este **Tema**? ¿Usaste **por, para** y los pronombres de complemento indirecto correctamente? ¿Los verbos están bien conjugados y en los tiempos correctos?

Paso 4: La versión final Cambia las cosas que debas cambiar, incorpora las ideas nuevas que hayas generado y asegúrate de que no haya errores ortográficos.

Tema 3 A establecerse en una nueva casa

Vocabulario: Los bienes raíces

WB7-17. Definiciones Empareja cada palabra de la primera columna con su definición de la segunda columna.

____ 1. la hipoteca

____ 2. la propiedad

____ 3. el préstamo

____ 4. la ubicación

____ 5. negocios de bienes raíces

____ 6. los planos

a. el negocio de vender o comprar propiedades

b. los pagos mensuales de la casa

c. el lugar donde está algo

d. documentos con dibujos que ilustran el interior de una casa

e. el dinero que le pides a alguien para devolvérselo más tarde

f. la persona que te ayuda a comprar o vender una casa

g. una casa o un condominio y la tierra que se compra o vende

WB7-18. Quiero comprar un apartamento Forma cinco oraciones lógicas sobre el proceso de compra de un apartamento, usando las siguientes palabras.

tener que	visitar	agente de bienes raíces
deber	pedir	propiedades
necesitar	firmar	ubicación
hablar	términos de financiamiento	planos
investigar	hipoteca	préstamo
revisar	inmobiliaria	

1. _____

2. _____

3. _____

4. _____

5. _____

WB7-19. ¡Acabo de comprar mi primera casa! Completa el párrafo con las palabras o las frases más apropiadas de la siguiente lista.

contrato   ubicación   hipoteca   propiedades   planos   agente de bienes raíces

Estoy muy contenta porque acabo de comprar mi primera casa. El proceso comenzó hace tres semanas

cuando hablé con una (1) _____. Ella me mostró varias (2) _____, hasta que la

semana pasada encontré la casa de mis sueños. Tiene una (3) _____ ideal: está en un barrio

muy bonito, cerca de un parque, y tiene una vista espectacular. Inmediatamente fui a una entidad financiera

para hacer las gestiones de una (4) _____. El lunes me la aprobaron y ayer firmé el

(5) _____. ¡Ahora soy propietaria!

Nombre _____ Fecha _____

Funciones y estructuras: Talking about the past with the preterite and the imperfect tenses

WB7-20. Las visitas de la niñez Lee las siguientes descripciones y escoge la forma correcta del verbo entre paréntesis (el pretérito o el imperfecto) según el contexto.

1. Si (a. llovió b. llovía) durante las vacaciones en la playa, mis amigos y yo (a. nos quedamos b. nos quedábamos) adentro y (a. jugamos b. jugábamos) en la casa. Un verano, (a. llovió b. llovía) toda una semana y yo (a. leí b. leía) tres novelas de Michael Crichton en seis días.
2. Cuando yo (a. tuve b. tenía) cinco años, (a. fui b. iba) a visitar a mi tío Manolo. En aquel tiempo, él (a. vivió b. vivía) cerca de Savannah y (a. tuvo b. tenía) un apartamento pequeño. Mientras (a. estuve b. estaba) con él esa semana, nosotros (a. nos divertimos b. nos divertíamos) mucho.
3. Cuando mis abuelos nos visitaban, ellos siempre (a. trajeron b. traían) regalos. Pero una vez ellos (a. se olvidaron b. se olvidaban) y por eso nos (a. llevaron b. llevaban) a una tienda de juguetes.
4. Un invierno, mis primos nos (a. visitaron b. visitaban). Durante toda la semana, (a. nevó b. nevaba) todos los días y, en general, (a. hizo b. hacía) mal tiempo; así que nosotros no (a. pudimos b. podíamos) salir de la casa. Los chicos (a. estuvimos b. estábamos) un poco inquietos, pero todo (a. resultó b. resultaba) muy bien.

WB7-21. La casa de mi niñez Completa la siguiente descripción con la forma correcta del pretérito o del imperfecto de los verbos entre paréntesis.

En mi niñez, cuando yo (tener) _____ cuatro o cinco años, mi familia y yo (vivir)

_____ en una casa de ladrillo en las afueras de una ciudad. La casa (ser) _____

bastante grande. Nuestra casa (estar) _____ muy cerca del aeropuerto.

Todos los días, mi hermana y yo (jugar) _____ en el césped de atrás. Nosotras (aprender)

_____ mucho sobre la naturaleza mientras (pasar) _____ tiempo afuera. Una vez,

mientras nosotras (correr) _____ por el césped jugando al escondite (hide-and-seek), de repente

yo (sentir) _____ un dolor muy agudo (sharp) en el pie. Cuando (yo) (mirar) _____

hacia abajo, (ver) _____ que tenía una abeja (bee) en un dedo. ¡Ay de mí! Yo sólo (poder)

_____ gritar y salir corriendo para la casa. Cuando mi mamá me (oír) _____, en

seguida me (calmar) _____ y me (curar) _____ la picadura. ¡Uno nunca se olvida de

la primera vez que una abeja lo pica!

Funciones y estructuras: Talking about the immediate past with *acabar de*

WB7-22. Pero, ¡acabo de hacerlo! Empareja las transacciones con los términos bancarios que les correspondan.

MODELO   Ahora tengo $100; *acabo de retirar dinero del cajero automático.*

a. acaba de darme los planos.
b. ¡acabo de decidirme por ésta!
c. acaba de regresar de la inmobiliaria.
d. acaba de darme el préstamo.
e. acaba de terminar los cursos sobre bienes raíces.

____ 1. Mi amigo ya tiene el contrato de venta;…

____ 2. Teresa ya es agente certificada;…

____ 3. La casa va a ser exactamente como la quiero; el arquitecto…

____ 4. Estuve de acuerdo con los términos de financiamiento y el banco…

____ 5. Me gusta más la ubicación de esta casa que la de la otra;…

WB7-23. La nueva casa. Usa el pretérito para escribir la pregunta después de cada afirmación.

MODELO   Acabo de ver por primera vez la casa de mi hermano. (sacar fotos – tú)

¿Sacaste fotos de su casa?

1. Mis vecinos cubanos acaban de comprar una casa nueva. (mudarse – ellos)

¿ _____ ?

2. Los niños acaban de visitar su nueva escuela. (conocer a nuevos amigos – ellos)

¿ _____ ?

3. La madre acaba de volver del primer día en su nuevo empleo. (trabajar todo el día - ella)

¿ _____ ?

4. Acabamos de llevarles un pastel. (prepararlo – Uds.)

¿ _____ ?

5. La familia acaba de recibir su nuevo número de teléfono. (llamar a los parientes - ellos)

¿ _____ ?

Lectura

WB7-24. La ruta turística cubana dedicada a Hemingway

Antes de leer

1. ¿Qué sabes ya sobre la relación entre el escritor Hemingway y Cuba? Escribe cierto (**C**) o falso (**F**) en cada espacio.

_____ a. Hemingway escribía sobre Cuba en sus cuentos y novelas.

_____ b. Hemingway iba frecuentemente a Cuba.

_____ c. Hemingway era originalmente de Cuba.

_____ d. En los años 60, Hemingway echaba de menos mucho a Cuba.

La ruta turística cubana dedicada a Hemingway

Por MIREYA NAVARRO

COJIMAR, Cuba, 20 de abril de 1999: Gregorio Fuentes tiene 101 años de edad, pero todavía recibe a los visitantes en la pequeña sala de su casa en esta población para contarles relatos acerca de Ernest Hemingway. Durante más de 20 años, Fuentes fue el capitán de *Pilar*, el bote pesquero de Hemingway, que en ocasiones estaba anclado en este pueblo pesquero en las afueras de La Habana.

Fuentes es parte integral de la ruta turística cubana dedicada a Hemingway, un estadounidense que Cuba les muestra a todos como un tesoro nacional, pese a más de 40 años de hostilidad entre el gobierno de Fidel Castro y el de Estados Unidos.

Hemingway, quien vivió, escribió, bebió y pescó en esta isla intermitentemente entre 1932 y 1960, es difícil de evadir en Cuba. Sus libros se venden en las tiendas al lado de las obras del Che Guevara. Su imagen adorna camisetas y un busto de bronce de él, donado por pescadores locales, mira hacia el mar desde una pequeña rotonda aquí.

Hay una gira *(tour)* de los lugares que recuerdan a Hemingway, entre ellos están la lujosa propiedad en las afueras de La Habana, donde el escritor vivió con Martha Gellhorn y Mary Welsh, su tercera y su cuarta esposa, respectivamente. Esta gira cuesta entre 15 y 40 dólares por persona. Sin embargo, los visitantes estadounidenses y algunos miembros de la familia Hemingway notan una reverencia especial hacia este hombre, una apropiación personal por parte de los cubanos de un gran escritor que optó por celebrar a su país en su prosa.

El rompimiento de Washington con La Habana, una tragedia para Hemingway

Cuando la Guerra Fría y el rompimiento de Estados Unidos con Cuba después de la revolución de 1959 interfirieron con este idilio, «fue una gran tragedia para nuestra familia », dice Patrick Hemingway, de 70 años, uno de los hijos del escritor. «Realmente amaba Cuba, y creo que fue un gran impacto para él, a su edad, tener que elegir entre su patria, que era Estados Unidos, y su hogar, que era Cuba.» Hoy en día, buena parte de la vida de Hemingway en la isla —donde la Iglesia Católica guarda la medalla del Premio Nobel que obtuvo en Literatura en 1954— está documentada con fotografías que cuelgan de los muros de su casa y de los bares y restaurantes que frecuentaba, como El Floridita, en la Vieja Habana, y La Terraza en Cojimar. Otras imágenes muestran a Hemingway divirtiéndose con gente como Errol Flynn y Gary Cooper. Pero era su falta de pretensiones, pese a su enorme fama, lo que hace que el escritor sea particularmente amado por muchos cubanos. «Era un hombre muy sencillo», dice Evelio González, guía de turistas en la casa que Hemingway compró en 1940, conocida como Finca Vigía. «Sus amigos eran pescadores. Nunca se relacionó con la alta sociedad.» Afuera se encuentra el yate pesquero *Pilar,* donado al museo por Fuentes, a quien el escritor se lo legó *(left in his will).*

Fuentes, compañero constante del escritor en sus correrías

Fuentes dice que conoció a Hemingway en 1928 en Dry Tortugas cerca de Florida, cuando ambos fueron atrapados por una tormenta. En 1934, después de que Hemingway visitó Cuba en varias ocasiones, dice Fuentes, «me dijo: ‹Estoy construyendo un bote y quiero que tú trabajes conmigo y seas el capitán›.» Desde aquel entonces, Fuentes fue, al mismo tiempo, el capitán y el cocinero, y se convirtió en un compañero constante del escritor.

Desde la muerte de su amigo, dice Fuentes, no ha trabajado como capitán para nadie más. Y tampoco ha pensado en escribir su propio libro acerca de sus años con Hemingway. «Tengo muchos secretos, pero nunca revelaré ni un secreto aunque me dieran todo el dinero del mundo.»

A leer

2. Dale una mirada *(Scan)* al artículo y subraya toda la información que entiendas. Después, vuelve a mirar el artículo y haz una lista de todos los verbos en el pretérito y el imperfecto que encuentres.

   a. Verbos en el pretérito: _____

   b. Verbos en el imperfecto: _____

3. Vuelve a la actividad 1 y corrige tus respuestas, basándote en cualquier información nueva que hayas encontrado *(you may have found).*

4. Empareja las descripciones con los lugares y las personas relacionadas con la vida de Hemingway en Cuba.

   ____ 1. Finca Vigía   a. la capital de Cuba

   ____ 2. Mary Welsh   b. un bar en La Habana

   ____ 3. Gregorio Fuentes   c. la casa donde vivía Hemingway

   ____ 4. *Pilar*   d. el bote de Hemingway

   ____ 5. Cojimar   e. donde vive ahora Fuentes

   ____ 6. El Floridita   f. esposa de Hemingway

   ____ 7. La Habana   g. el capitán amigo de Hemingway

Después de leer

5. Escribe un párrafo completo que incluya las respuestas a las siguientes preguntas sobre la vida de Hemingway en Cuba.

- ¿Cuál era la patria de Hemingway?
- ¿Cuándo vivió Hemingway en Cuba?
- ¿Qué le gustaba hacer a Hemingway en Cuba?
- ¿Regresó alguna vez Hemingway a Cuba después de la revolución?
- ¿Añoraba Cuba en los últimos años?
- ¿Cómo es la reputación de Hemingway hoy en día en Cuba?

_____

_____

_____

_____

_____

Autoexamen

Vocabulario

WB7-25. Mi amiga Carolina Completa el párrafo con la palabra o frase más apropiada de la siguiente lista.

tierra   se mudó   echo de menos   se fue   extraña   nostalgia   regresar

Mi amiga Carolina (1) _____ a Miami y yo la (2) _____. Ella es cubana y, como

(3) _____ mucho su (4) _____ y a su gente, decidió ir a vivir en la Pequeña Habana.

Ella (5) _____ hace un mes y como no piensa (6) _____, creo que voy a tener que ir a

visitarla a su nueva casa.

WB7-26. Un traslado Completa las oraciones con las palabras de la lista.

mantas   plástico de burbujas   cajas   menaje   camión   mudanzas

1. Antes de mudarme, voy a llamar a la compañía de _____.

2. La compañía va a enviar un _____.

3. Los empacadores van a cargar el _____ cuidadosamente.

4. Voy a empacar mis cosas en _____ de cartón.

5. Para proteger los objetos delicados, voy a usar unas _____.

WB7-27. ¿A qué se refieren? Empareja cada palabra de la primera columna con su definición de la segunda columna.

____ 1. en el centro de la ciudad   a. la inmobiliaria

____ 2. a treinta años   b. la cuota inicial

____ 3. una distribución excelente del espacio interior   c. la ubicación

____ 4. $17.000 dólares   d. la hipoteca

____ 5. Century 21, ReMAX, Prudential   e. los planos

Funciones y estructuras

WB7-28. De verano Empareja cada frase de la primera columna con una de la segunda columna. **¡OJO!** Asegúrate de escoger la frase con el tiempo correcto (pretérito o imperfecto).

_____ 1. Todos los veranos nosotros

_____ 2. El verano pasado mis vecinos

_____ 3. Cuando era niña, a mi hermana

_____ 4. Una vez mi abuelito y yo

_____ 5. Anoche, mi familia

_____ 6. Todos los viernes por la noche yo

a. fuimos al cine a ver una película cómica.

b. cenó a las seis en punto.

c. nadábamos en la piscina.

d. iba al centro con mi familia.

e. pasaron dos semanas en la playa.

f. le gustaba jugar al escondite.

WB7-29. ¿Cómo se dice _for_ en español? Escribe la preposición correcta (**para** o **por**) para completar las oraciones siguientes.

1. ¿Enviaste el paquete _____ barco o avión?

2. _____ favor, señor. Dígame la verdad.

3. _____ sacar un título universitario hay que estudiar varios años.

4. Paseamos _____ la playa _____ la tarde.

5. No entiendo _____ qué no podemos jugar allá.

6. Muchas gracias _____ toda su ayuda.

Cultura

WB7-30. ¿Sabes la respuesta? Responde a las siguientes preguntas sobre Cuba.

1. ¿Cuál es el principal producto agrícola de Cuba?

   _____

2. ¿Qué es el PCC? ¿Por qué es importante?

   _____

3. ¿Por qué dicen que recorrer La Habana es como volver a los años cincuenta y sesenta?

   _____

4. ¿Qué es una guayabera?

   _____

5. ¿Cuál es el principal medio de transporte en la capital? ¿Por qué?

   _____

Capítulo **8** A trabajar

 Tema 1 En busca de trabajo

Vocabulario: Los anuncios clasificados

WB8-1. Consejos para obtener un trabajo Completa las siguientes instrucciones sobre cómo obtener un empleo, usando palabras de la lista. **¡OJO!** No se van a usar todas las palabras.

manejar   experiencia   facilidad de expresión   presencia   hoja de vida

presentarse   referencias   cuidar

Primero, la ropa que llevas es sumamente importante para demostrar que tienes buena (1) _____.

En segundo lugar, hay que llevar una (2) _____. Asegúrate de incluir toda tu (3) _____

profesional, estudios y (4) _____ personales. Es bueno ser muy conciso con los datos; se

recomienda sólo una página cuando sea posible. En tercer lugar, tienes que demostrar que tienes

(5) _____. Para esto, es importante que hables de una manera clara y directa. ¡Buena suerte!

WB8-2. ¿Antes o después? Clasifica las siguientes frases para indicar si es más probable que hagas *(that you do)* cada cosa antes o después de conseguir un puesto.

> **MODELO**   Antes: *ser interno con una compañía*
> Después: *preparar información para clientes*

revisar los anuncios clasificados	almorzar con los compañeros de oficina
presentarse al jefe de la compañía	llegar a la oficina a tiempo
sacar el título universitario	solicitar el empleo
preparar la hoja de vida	estar presente todos los días
investigar sobre la compañía	

ANTES   **DESPUÉS**

_____   _____

_____   _____

_____   _____

_____   _____

_____   _____

WB8-3. Anuncios clasificados Imagínate que estás preparando anuncios clasificados para contratar empleados para diferentes trabajos. ¿Cuáles crees que son las características ideales para las siguientes profesiones u oficios? Menciona tres características.

> **MODELO**   Buscamos un profesor *simpático, creativo* y *dedicado.*

1. Buscamos una secretaria _____, _____ y _____.

2. Necesitamos un médico _____, _____ y _____.

3. Buscamos una gerente de empresa _____, _____ y _____.

4. Necesitamos una presentadora de televisión (como Oprah) _____, _____ y _____.

5. Buscamos un programador de computadoras _____, _____ y _____.

Funciones y estructuras: Referring to people and things with the relative pronouns *que* and *quien(es)*

WB8-4. Personas y cosas Selecciona el pronombre relativo correcto (**que, quien** o **quienes**) de acuerdo con el contexto.

1. La persona a (a. que b. quien c. quienes) entrevisté esta mañana tiene tres años de experiencia.

2. La hoja de vida (a. que b. quien c. quienes) traje estaba completa, pero la señora (a. que b. quien c. quienes) me atendió me recomendó que la arreglara un poco.

3. Éstos son los técnicos con (a. que b. quien c. quienes) vas a trabajar durante el verano.

4. La buena presencia es una característica (a. que b. quien c. quienes) les llama la atención a los empleadores de (a. que b. quien c. quienes) te hablé.

5. Don Manolo, (a. que b. quien c. quienes) se encarga de reparar las computadoras, es de Colombia.

6. Vamos a colaborar con (a. que b. quien c. quienes) necesiten nuestra ayuda.

7. Me parece que las referencias (a. que b. quien c. quienes) presentó la Sra. Mercado son excelentes.

8. La secretaria para (a. que b. quien c. quienes) traje estos documentos me pidió la solicitud (a. que b. quien c. quienes) me entregaste.

WB8-5. ¿Cómo se llama(n)...? Contesta las siguientes preguntas siguiendo el modelo.

MODELO   ...la persona con quien estudias para los exámenes de español?
           Se llama Stephanie.

¿Cómo se llama(n)...

1. los amigos con quienes vas al cine con frecuencia?

   _____

2. la persona que trabaja en el laboratorio de lenguas de la universidad?

   _____

3. el (la) profesor(a) que te enseña español en la universidad?

   _____

4. los estudiantes que se sientan cerca de ti en la clase?

   _____

5. la persona con quien más hablas por teléfono?

   _____

Funciones y estructuras: Referring to past events that continue into the present with the present perfect tense

WB8-6. Una evaluación

1. Josefina Hernández Cintrón es una empleada excelente y quieres recomendarla para un aumento de sueldo. Indica tu evaluación de cada criterio en la siguiente planilla *(form)*.

Empleado/a: JOSEFINA HERNÁNDEZ CINTRÓN
Departamento: TELECOMUNICACIONES
Puesto: ANALISTA DE SISTEMAS
Período de evaluación: 2005–2006

	Sí	No
Ha llegado al trabajo tarde.	_____	_____
Ha participado activamente en las reuniones.	_____	_____
Se ha encargado de proyectos.	_____	_____
Ha organizado eficientemente su tiempo.	_____	_____
Ha trabajado responsablemente.	_____	_____
Ha demostrado ser confiable.	_____	_____
Ha tardado en cumplir sus deberes.	_____	_____
Se ha comunicado bien con otros.	_____	_____
Ha manejado bien los conflictos.	_____	_____
Ha entregado sus informes a tiempo.	_____	_____

---

2. Escribe en dos oraciones la evaluación final de Josefina. Explica qué tipo de persona y de empleada es ella sin repetir la información anterior. Resalta qué cosas ella ha hecho y las que no ha hecho en la compañía.
Josefina Hernández Cintrón merece *(deserves)* un aumento este año porque _____

_____

_____

_____

WB8-7. Correo electrónico Completa el mensaje de correo electrónico, en la página 120, que Ernesto les mandó a sus padres a Caracas con la forma apropiada del pretérito perfecto de los verbos entre paréntesis.

To: adelgadosanz@latino.net.ve

From: ernesto@stthomas.edu

Subject: Las clases y todo

¡Hola, mamá y papá!

Hace mucho que no los veo y los extraño. (Yo) _____ (recibir) los mensajes que Uds. me _____ (enviar), pero hasta el momento yo no _____ (poder) responderles.

Pronto viene la semana de los exámenes finales. Este semestre las clases _____ (ser) muy difíciles y yo _____ (estar) bien ocupado. (Yo) _____ (tener) que levantarme muy temprano por la mañana; _____ (ir) a la biblioteca a estudiar hasta tres veces a la semana y no _____ (acostarse) hasta las dos o tres de la madrugada. ¡Estoy tan cansado!

Por casi un mes ya, mis amigos y yo no _____ (hacer) nada divertido: nosotros _____ (trabajar) en los proyectos para las clases técnicas y _____ (escribir) trabajos para las clases de composición. Como yo, todos aquí _____ (pasar) un semestre duro. ¡Hasta los profesores nos _____ (decir) que están deseando empezar sus vacaciones ya!

Pues, ahora necesito volver a mis estudios. Gracias por toda su ayuda este semestre. No se preocupen: ¡Voy a sobrevivir!

Besos y abrazos,

Ernesto

Escritura

 Phrases/Functions: expressing conditions, weighing the evidence
Vocabulary: professions, trades, working conditions, banking
Grammar: verbs: compound tenses

WB8-8. El mercado de empleo Imagínate que estás tomando un curso de economía internacional que ofrece una universidad colombiana por Internet. La profesora quiere que expliques cómo ha cambiado el mercado de empleo en los últimos diez años en los EE.UU. enfocándote en las siguientes cosas: (1) los tipos de empleo que han aumentado y disminuido en oferta y demanda, (2) las compañías y agencias gubernamentales que han experimentado demanda, (3) las habilidades profesionales que se han hecho más atractivas y (4) el papel que han tenido las universidades en estos cambios.

Paso 1: Preparación Prepara una tabla con cuatro columnas (una para cada una de las cosas que se mencionan anteriormente) y complétala con las ideas que te vengan a la mente.

Paso 2: El borrador Ahora, usa la información de la tabla que preparaste en la sección de **Preparación** para escribir el borrador.

Paso 3: Revisión Considera los siguientes puntos y revisa el borrador.

1. Contenido: ¿Se puede decir algo más? ¿Faltan detalles que hagan que tu explicación sea apropiada e interesante? ¿La información es cierta?
2. Organización: ¿Las ideas siguen un orden lógico? ¿Incluiste una buena introducción y una buena conclusión?
3. Vocabulario y gramática: ¿Usaste vocabulario que aprendiste en este **Tema**? ¿Usaste el pretérito perfecto correctamente? ¿Incluiste pronombres relativos, de ser posible?

Paso 4: La versión final Cambia las cosas que debas cambiar, incorpora las ideas nuevas que hayas generado y asegúrate de que no haya errores ortográficos.

Tema 2 Mis antecedentes y expectativas laborales

Vocabulario: La hoja de vida

WB8-9. ¿Dónde va? Indica en qué sección de la hoja de vida se debe poner la siguiente información.

Información	Sección en la hoja de vida
_____ 1. Caracas, 15 de mayo de 1982	a. Fecha de grado
_____ 2. Marcela Garavito Domínguez	b. Experiencia laboral
_____ 3. Licenciatura en administración de empresas, Universidad Metropolitana (Caracas)	c. Dirección
	d. Estudios realizados
_____ 4. Álvarez y Asociados—enero a diciembre de 2001	e. Nombre
_____ 5. inglés, francés	f. Lugar y fecha de nacimiento
_____ 6. 21 de mayo, 2000	g. Idiomas
_____ 7. Avenida Bolívar, número 25	

WB8-10. La carta de presentación Completa la siguiente carta de presentación.

(1) _____

(2) _____

(3) _____. Terminé mis estudios de arqui-

tectura en 2004 y me gradué con honores. Desde enero de 2005 trabajo como asis-

tente de arquitecto para la firma Lenis y Asociados. Como pueden comprobar por mis

referencias, me caracterizo por ser creativo y meticuloso. Me adapto muy bien a

cualquier situación y trabajo muy bien en equipo.

(4) _____.

(5) _____

Juan Esteban Casas

WB8-11. La entrevista Durante una entrevista con una compañía venezolana de importación y exportación, te preguntan cuáles son tus puntos fuertes y cuáles son tus puntos débiles. Descríbeselos *(describe them)* usando ejemplos.

MODELO   Lo débil: *A veces, no organizo bien mi tiempo. Es porque no me gusta escribir listas de mis deberes porque así el trabajo parece ser mucho más.*

Lo fuerte:

_____

_____

Lo débil:

_____

_____

Funciones y estructuras: Influencing others with formal commands

WB8-12. Preparativos para la entrevista Te han pedido consejos sobre cómo prepararse para una entrevista de empleo. Empareja cada verbo de la columna A con una frase lógica de la columna B y escribe un consejo, usando la forma del mandato formal (singular) del verbo.

Columna A	Columna B
1. cepillarse…	una blusa que vaya *(matches)* con el traje
2. comprar…	a la compañía para confirmar la hora
3. llamar…	la hoja de vida
4. escoger…	los dientes
5. ponerse…	poco maquillaje
6. preparar…	un traje y unos zapatos nuevos

1. _____

2. _____

3. _____

4. _____

5. _____

6. _____

WB8-13. Consejos para empleados Dales los siguientes consejos a los nuevos empleados de la oficina latinoamericana de tu compañía. Usa la forma plural del mandato formal de los verbos entre paréntesis.

MODELO   (perseverar) *Perseveren*, aunque se presenten obstáculos.

1. (no pedir) _____ aumentos al principio del año fiscal.

2. (no mentir) _____ nunca; siempre (decir) _____ la verdad.

3. Siempre (organizar) _____ bien el tiempo y (hacer) _____ todo rápidamente.

4. (no olvidarse) _____ de las necesidades de la familia.

5. (ser) _____ creativos y responsables.

6. (llevar) _____ ropa limpia y formal a la oficina.

7. (explicar) _____ claramente sus ideas.

8. Nunca (llegar) _____ tarde a las reuniones.

9. (buscar) _____ oportunidades de aprender.

10. (escuchar) _____ a los compañeros e (incluir) _____ sus comentarios en los informes.

Funciones y estructuras: Using pronouns and formal commands

WB8-14. Las tareas hoy Tú eres supervisor(a), y el(la) gerente de tu compañía te ha hecho las siguientes preguntas. Contéstaselas apropiadamente, usando los pronombres de complemento directo o indirecto siempre que sea posible.

MODELO ¿Puedo tomar las vacaciones en agosto?
Sí, tómelas en agosto.

1. ¿Debo anunciar los aumentos para el año?

   No, _____.

2. ¿Tengo que fotocopiar las hojas de vida de los aspirantes?

   Sí, _____.

3. ¿Debo mandarles a Uds. los resultados de la encuesta por correo electrónico?

   Sí, _____.

4. ¿Necesito ponerme la chaqueta para la reunión con los directores?

   No, _____.

5. ¿Puedo decirles a los empleados que mañana es su cumpleaños?

   Sí, _____.

6. ¿Debo ofrecerle el empleo al Sr. Castro?

   No, _____.

WB8-15. Futuros estudiantes ¿Qué consejos les darías a los futuros estudiantes de tu universidad con respecto a las siguientes cosas? Usa verbos en la forma de mandato formal plural y pronombres de complemento directo e indirecto cuando sea necesario.

MODELO los libros
No los compren por el Internet.

1. las clases de español

   _____

2. las monografías / a los profesores

   _____

3. la matrícula

   _____

4. el permiso de estacionamiento / a la administración

_____

5. la comida de la cafetería

_____

6. los consejos de los egresados *(graduates)* de la universidad

_____

Escritura

Phrases/Functions: asking and giving advice
Vocabulary: professions
Grammar: verbs: imperative

WB8-16. Recomendaciones Imagínate que una persona que solicitó un puesto en el lugar donde trabajas te envió un mensaje de correo electrónico porque quiere saber qué debe hacer y qué no debe hacer para tener éxito ahí. (Si no trabajas, piensa en algún trabajo que hayas tenido en el pasado o en tu trabajo ideal.) Escríbele una respuesta a su mensaje.

Paso 1: Preparación Haz una lista de consejos afirmativos y una lista de consejos negativos. (Como no conoces bien a esta persona, debes usar mandatos formales.)

Paso 2: El borrador Escribe el borrador del mensaje de correo electrónico.

Paso 3: Revisión Considera las siguientes preguntas para revisar el borrador.

1. ¿El contenido es apropiado? ¿Es necesario dar más consejos?
2. ¿Está bien organizado? ¿Prefieres dar todos los consejos afirmativos y luego los negativos, o prefieres organizar tu respuesta por temas?
3. ¿Incorporaste algunos términos de este **Tema**? ¿Conjugaste los verbos en la forma correcta del imperativo?

Paso 4: La versión final Haz los cambios necesarios, de acuerdo con las respuestas a las preguntas de la sección de **Revisión**. Además, añade las ideas nuevas que te vengan a la mente y asegúrate de que no haya errores de ortografía.

Tema 3 El nuevo empleo

Vocabulario: Las tareas de oficina

WB8-17. Tareas de oficina Empareja cada frase de la primera columna con la definición apropiada de la segunda columna.

_____ 1. imprimir expedientes	a. recibir comunicaciones electrónicas por medio de la computadora
_____ 2. enviar un fax	b. transmitir un documento escrito por medio de una línea telefónica
_____ 3. asistir a reuniones	c. participar en las conversaciones importantes de la compañía
_____ 4. atender al público	d. responder a las preguntas de los clientes
_____ 5. revisar el correo electrónico	e. usar un aparato electrónico para reproducir letras o imágenes sobre un papel

WB8-18. Las computadoras ¿Qué tan familiarizado(a) estás con las computadoras? Escribe junto a las definiciones el término apropiado relacionado con las computadoras.

consultar un motor de búsqueda   el CD   encender   instalar   la pantalla

parlantes   computadora portátil   archivo

1. El primer paso es _____ la computadora.

2. Hoy en día, ya que las computadoras pueden reproducir el sonido como un estéreo, es necesario un par de _____ buenísimos.

3. Si Ud. acaba de comprar un programa nuevo, primero tiene que _____ sus componentes en el disco duro de su computadora.

4 Cuando Ud. guarda información electrónica, usualmente tiene que ponerla en un _____ con un nombre especial y único.

5. Una _____ es una computadora que puedes llevar contigo en un viaje.

6. _____ se usa para guardar documentos, imágenes o música.

7. _____ es la parte de la computadora donde se ve la representación de la información digital.

8. A menudo, cuando la gente quiere encontrar información por medio del Internet (para un informe, etc.), lo primero que hace es _____.

WB8-19. Una investigación por el Internet Indica el orden en que se debe hacer lo siguiente para encontrar la información que necesitas para un trabajo de la universidad.

_____ a. ir al sitio web de un motor de búsqueda

_____ b. oprimir el botón de búsqueda

_____ c. encender la computadora

_____ d. abrir un programa de navegación por el Internet, como Explorer o Netscape

_____ e. escribir el término o concepto que quieres investigar

_____ f. seleccionar el documento más apropiado

Funciones y estructuras: Avoiding stating who or what is performing an action with the passive *se*

WB8-20. De otra manera, por favor Vuelve a escribir las instrucciones que se deben seguir para hacer una investigación por el Internet que aparecen en la actividad WB8-19 usando el **se** pasivo. (Sigue el orden lógico.)

MODELO   *Se enciende la computadora.*

1. _____

2. _____

3. _____

4. _____

5. _____

WB8-21. ¿Qué se hace en esta oficina? Completa las oraciones con el **se** pasivo y con la forma correcta del verbo más lógico de la lista.

imprimir   hacer   atender   asistir   enviar   preparar

—Hola, Sra. Bermúdez. Soy el nuevo asistente y quisiera preguntarle a qué horas del día se hacen ciertas cosas en la oficina, tales como responder a las llamadas o preparar el correo.

—Hola, Sr. Carvajal. Bienvenido a la empresa. Me dijeron que venía. Pues, en esta oficina hacemos esas cosas aproximadamente a la misma hora todos los días. Por ejemplo, por la mañana _____ las llamadas necesarias y _____ los informes sobre los clientes a quienes atendimos el día anterior. _____ dos copias de los expedientes porque hay que darle una al supervisor. Por la tarde, a veces _____ a reuniones y _____ faxes de documentos que piden en la oficina central. Y durante todo el día _____ al público, así que tiene que hacer eso también. Éste es más o menos nuestro horario, por lo general.

—Muchas gracias. ¡Se ve que voy a estar bastante ocupado!

Funciones y estructuras: Avoiding repetition using double object pronouns

WB8-22. ¿Quién? Completa las oraciones con los pronombres de complemento indirecto y de complemento directo necesarios.

> MODELO   ¿Quién te regaló esta computadora?
> _Me la_ regaló mi hermana Zaida.

1. ¿Quién nos trajo estos parlantes?

   ____ ____ trajo Ernestina. ¡Qué buena es!

2. ¿Quién te dio esta máquina de fax?

   Yo mismo ____ ____ compré porque la necesitaba.

3. ¿Quién le regaló el carro a Vicente?

   Sus padres ____ ____ dieron de regalo de graduación. ¿Te imaginas?

4. ¿Quién me puso el diccionario sobre la mesa?

   Yo lo vi en la terraza y ____ ____ puse ahí.

5. ¿Quién les recomendó a Carlos y a Mónica que tomaran cálculo este semestre?

   ____ ____ recomendó su consejero, y les gusta mucho la clase.

6. ¿Quién te sacó estas copias? Se ven muy bien.

   ____ ____ sacó el chico nuevo de Office Heaven. Siempre hacen un buen trabajo allí.

7. ¿Quién nos preparó esta torta? Está deliciosa.

   Mi madre ____ ____ preparó ayer. Es mi favorita.

8. ¿Quién le recordó la cita médica a Sharon?

   ¡Tú misma ____ ____ recordaste! ¿No recuerdas?

9. ¿Quién me hizo las diligencias el sábado?

   Lucas ____ ____ hizo. No te olvides de darle las gracias.

10. ¿Quién les arregló la impresora a Beto y a ti?

    El primo de Sharon ____ ____ arregló y no nos cobró nada.

WB8-23. Preparativos Haciendo el papel de secretario(a), contesta las preguntas del asesor *(advisor)*, usando pronombres de complemento indirecto y de complemento directo. Contesta sus preguntas afirmativa o negativamente. **Nota:** El/La secretario(a) trata formalmente al asesor.

MODELO   ¿Encontraste el ratón nuevo para Rebecca?
           Sí, se lo encontré. o *No, no se lo encontré.*

1. ¿Archivaste la correspondencia del club para los miembros?

   _____

2. ¿Le devolviste la revista *Radar* a tu compañero de la clase de español?

   _____

3. ¿Le diste los cheques para la conferencia a Julia?

   _____

4. ¿Les enviaste los mensajes electrónicos a todos los miembros?

   _____

5. ¿Les explicaste el problema de finanzas a los miembros?

   _____

6. ¿Les hiciste unas llamadas a los organizadores de la conferencia?

   _____

7. ¿Nos concertaron tus amigas la cita con el diplomático venezolano?

   _____

8. ¿Me encontraste los libros en la biblioteca?

   _____

9. ¿Nos preparaste la sala de reuniones?

   _____

10. ¿Te envió Mariángela la foto de los miembros?

   _____

Lectura

WB8-24. ¿Quién manda en las 100?

Antes de leer

1. ¿Cuál es el tema de esta lectura? Mira el artículo rápidamente y trata de contestar la pregunta.

   _____ a. los presidentes de Colombia

   _____ b. los gerentes de las empresas importantes de Colombia

   _____ c. las 100 empresas más importantes de Colombia

   _____ d. las 100 carreras profesionales en más demanda en Colombia

¿Quién manda en las 100?

SEMANA les pidió la hoja de vida a los presidentes de las grandes empresas para construir el perfil del típico líder empresarial hoy en Colombia. Éstos son los resultados.

No hay fórmula mágica para llegar a la presidencia de una de las 100 empresas más grandes del país. Se puede haber nacido en un pueblo pequeño como Vélez, Santander, o Caramanta, Antioquia, o en una gran capital como Bogotá o Berlín. Se puede haber estudiado carreras comunes como ingeniería y economía o rarísimas, como administración de transporte aéreo. Se puede haber escogido una universidad colombiana o una extranjera para hacer el pregrado. Se puede haber realizado una especialización, una maestría o hasta un doctorado, y prácticamente en cualquier campo, desde física teórica y democracia, pasando por negociación de conflictos y evaluación de proyectos, hasta los más clásicos de gerencia y administración. Y se puede tene 38 o 66 años.

Si bien no todos los presidentes de las empresas enviaron su hoja de vida, ni todos incluyeron todos los datos (ver ficha técnica), SEMANA recibió suficiente información para conocer, por primera vez, quiénes son estos hombres que conducen el mundo corporativo colombiano, de dónde son, qué estudiaron, en qué universidades, si realizaron posgrados, si llevan muchos años en sus conglomerados empresariales y desde hace cuánto llegaron al tope.

El análisis presenta un grupo increíblemente variado, en el cual nadie ha llevado una vida demasiado parecida a otra. Sin embargo, hubo algunos datos que son contundentes: para llegar a ser presidente de una gran empresa es mejor ser hombre que mujer y es casi un requisito haber realizado algún tipo de especialización, curso de posgrado o maestría.

De todos modos, a pesar de la diversidad, sí surgen algunos patrones comunes entre todos. Por ejemplo, la gran mayoría tiene carreras de pregrado en las áreas obvias: ingeniería, economía, administración y derecho. Muy pocos han estudiado carreras humanísticas, son contados con los dedos de una mano los que tienen una formación básica en ciencias, y prácticamente ninguno siguió arte o música. Es que como ya lo han descubierto algunos estudiosos del tema, la dirigencia empresarial de hoy en Colombia es más de corte tecnócrata que universalista, como lo eran los pioneros que hicieron industria en el país.

Paradójicamente, estos conductores empresariales son mucho más globalizados que sus antecesores. No sólo uno de cada cinco ha nacido en el exterior, y aunque entre estos hay varios colombianos, indica el nivel de inversión extranjera reciente en este país. Entre los presidentes foráneos hay sobre todo mexicanos y españoles. Y de todos, dos de cada tres han realizado estudios de posgrado en el exterior, la mayoría en Estados Unidos.

El análisis también muestra que llegar a la cima también requiere paciencia. Cuatro de cada diez presidentes han estado en sus empresas —o en muchos casos, ascendiendo en sus grandes grupos empresariales— más de 15 años. Muy pocos, además, parece que llegan «sardinos» a estas alturas. La absoluta mayoría es mayor de 40, y casi la mitad son mayores de 50.

Quien tenga como meta llegar a la presidencia de una gran empresa colombiana tiene en este artículo algunas ideas de qué hay que hacer. Claro está, sin perder de vista que, como buenos colombianos, los líderes empresariales no tienden a seguir camino conocido alguno, y que sus perfiles son bastante únicos. La lección de fondo parece ser entonces que lo mejor para subir hasta esas cumbres es ser auténtico, estudioso, globalizado, ¡ah, sí! y hombre.

Source: http://www.semana.com

Artículo de la _Revista Semana_, Bogota, Columbia, 2005

A leer

2. Dale otra mirada *(Scan)* al artículo y subraya las ideas más importantes.

3. Vuelve a la actividad 1 y corrige tu respuesta, basándote en cualquier información nueva que hayas encontrado *(you may have found)*.

4. Indica si las siguientes oraciones son ciertas **(C)** o falsas **(F)**.

_____ a. Los gerentes de las grandes compañías de Colombia son todos colombianos.

_____ b. Por lo general, estos gerentes tienen estudios de posgrado en el extranjero.

_____ c. Los gerentes son jóvenes (menores de 35 años en su mayoría).

_____ d. La mayor parte de los gerentes colombianos son ingenieros o abogados.

_____ e. Hay igual número de hombres y de mujeres en posiciones gerenciales.

_____ f. Todos han pasado bastante tiempo en sus respectivas empresas (diez años o más).

5. Explica el título del artículo. (¿Qué significa «manda»? ¿Qué son «las 100»?)

_____

_____

_____

6. ¿Por qué dice el autor que «El análisis presenta un grupo increíblemente variado, en el cual nadie ha llevado una vida demasiado parecida a otra»?

_____

_____

_____

Después de leer

7. **¿Similar o diferente?** ¿Es la situación en los Estados Unidos similar o diferente a Colombia? Escribe cuatro o cinco oraciones para describir a los jefes de compañías en este país. Usa las siguientes preguntas como guía.

- ¿De dónde son?
- ¿Qué edad tienen?
- ¿Qué estudios cursaron?
- ¿Qué tipo de experiencia tienen?
- ¿Hay igual número de hombres y de mujeres en esos cargos?

_____

_____

_____

_____

_____

_____

Autoexamen

Vocabulario

WB8-25. En busca de trabajo Escoge la palabra o frase que mejor complete la oración.

técnicos   hoja de vida   se encargan   presencia   defender   expresión   manejar

1. Para salir bien en la entrevista es importante tener buena _____.

2. Debes enviar una _____ completa y actualizada.

3. Las personas que quieren un trabajo con el público deben tener facilidad de _____.

4. En algunos trabajos prefieren profesionales y en otras prefieren _____.

5. Es importante _____ con calma las situaciones difíciles que se presenten en la entrevista.

6. Los gerentes usualmente no _____ de entrevistar a los candidatos.

WB8-26. ¿Cuál es diferente? Para cada uno de los grupos de términos siguientes, escoge el que *no* corresponda al grupo. Después, explica en qué consiste la diferencia.

1. dirección / teléfono / nombre / idiomas

   _____

2. estudios universitarios / cursos / fecha de grado / matrícula profesional

   _____

3. trabajos / fechas de empleo / estudios secundarios / responsabilidades

   _____

4. datos personales / estudios realizados / experiencia laboral / programas de computación

   _____

WB8-27. Un mensaje urgente Completa el siguiente mensaje con las palabras más apropiadas de la siguiente lista.

fax   reunión   archivo   llamada   informe   impresora

Le habla el Dr. Pérez. Estoy en el aeropuerto de Maracaibo y me temo que no voy a poder volar hoy a Caracas debido al mal tiempo. Por favor, busque los documentos del caso Martínez en el _____ de mi oficina y asista a la _____ con sus representantes a las tres de la tarde en la sala principal. Después, prepare un _____ sobre los resultados y envíemelo por _____ aquí al Hotel Intercontinental lo antes posible. El teléfono es 332-1121. Por último, recuerde que debe hacerle una _____ al Sr. Martínez para explicarle la situación. Gracias.

Funciones y estructuras

WB8-28. Traducción Expresa las siguientes ideas en español.

> **MODELO** I fixed the monitor and speakers two months ago.
> *Arreglé el monitor y los parlantes hace dos meses.*

1. Ramón has been our technician for five years.

_____

2. The person to whom I gave the monitor is not here today.

_____

3. You have not sent me an e-mail yet!

_____

4. The Internet service that I like costs a lot of money.

_____

5. Offices are cleaned three times a week.

_____

WB8-29. Revisiones Escribe oraciones con mandatos formales en plural (Uds.), usando los elementos siguientes. Reemplaza los nombres con los pronombres de complemento directo o de complemento indirecto cuando sea apropiado.

> **MODELO** escribir el mensaje a los clientes
> *Escríbanselo.*

1. no encender la computadora

_____

2. imprimir las fotos para la clase

_____

3. no ponerse las chaquetas en la sala de reuniones

_____

4. encargarse de reparar el sistema

_____

5. enviar la hoja de vida y la solicitud a la empresa

_____

6. ser puntuales

_____

Cultura

WB8-30. ¿Sabes la respuesta? Responde a las siguientes preguntas sobre Venezuela.

1. ¿Qué porcentaje de la población venezolana vive en las ciudades?

   _____

2. Menciona dos héroes venezolanos.

   _____

3. ¿Cuál es la capital del país?

   _____

4. Menciona dos lugares de interés en la capital venezolana.

   _____

Capítulo 9 Acuerdos y desacuerdos

Tema 1 Las amistades

Vocabulario: Un buen amigo

WB9-1. Asociaciones Empareja las características de un buen amigo (a la izquierda) con su definición (a la derecha).

_____ 1. generoso	a. una persona que no se enoja fácilmente, que espera con calma
_____ 2. honesto	b. alguien que da mucho, que no es egoísta
_____ 3. leal	c. una persona que hace todo legalmente y que dice siempre la verdad
_____ 4. paciente	d. alguien que te respeta y no te traiciona
_____ 5. alegre	e. una persona que tiene buen sentido del humor

WB9-2. Buenos amigos Completa cada oración, usando la forma correcta del verbo apropiado de la lista.

corregir   querer   compartir   estar dispuesto   aceptar   preocuparse   dar consejos

MODELO   Los buenos amigos siempre nos *aceptan* exactamente como somos.

Los buenos amigos...

1. _____ todo con nosotros: tanto los buenos como los malos momentos.

2. _____ a sus amigos incondicionalmente.

3. nos _____ y recomendaciones cuando los necesitamos.

4. nos _____ cuando cometemos errores.

5. _____ por nosotros cuando tenemos problemas serios.

6. siempre _____ a escucharnos cuando los necesitamos.

WB9-3. Mis mejores amigos Combina las siguientes palabras para describir a cinco amigos o parientes que tengan esas características y da un ejemplo de lo que él o ella hace (o no hace) por ti.

MODELO   *Mi amiga Rochelle es muy generosa. Ella siempre me ayuda con todos mis problemas.*

Persona	Característica	Cosas que (no) hace por ti
Mi amigo(a) _____	confiable	aceptar
mi tío (tía, primo, hermana,	generoso(a)	apoyar
madre, etc.)	honesto(a)	compartir
	leal	corregir
	paciente	dar consejos
		estar dispuesto
		juzgar
		preocuparse
		querer

1. _____
2. _____
3. _____
4. _____
5. _____

Funciones y estructuras: Giving advice with the subjunctive (regular verbs)

WB9-4. Para ser un(a) buen(a) amigo(a)... Usa los siguientes grupos de palabras para escribir consejos que los padres les dan a los hijos sobre cómo ser un(a) buen(a) amigo(a).

> MODELO   recomendar / compartir lo bueno y lo malo con los amigos
> *Te recomendamos que compartas lo bueno y lo malo con los amigos.*

1. aconsejar / escuchar sin interrumpir a los amigos

   _____

2. ser preferible / aceptar al otro tal como es

   _____

3. sugerir / hablar con sinceridad

   _____

4. ser necesario / tratar de ser un(a) amigo(a) leal

   _____

5. recomendar / apoyar a tus amigos en todo momento

   _____

6. ser justo / amar a los demás incondicionalmente

   _____

7. ser mejor / pasar tiempo con tus amigos de vez en cuando

   _____

8. ser importante / comportarse como una persona madura

   _____

WB9-5. Siempre hay reglas *(rules)* Completa las oraciones con lo que se puede o no se puede hacer.

> MODELO   En este restaurante, los empleados prohíben que *los clientes entren*
> *a la cocina.*

1. En las residencias de la universidad, es bueno que los estudiantes _____.
2. En casa, mis padres me aconsejan que (yo) _____.
3. Los hospitales recomiendan que los visitantes _____.
4. En la clase de español, el/la profesor(a) sugiere que nosotros no _____.
5. En mi coche, es necesario que mis amigos _____.
6. La policía aquí recomienda que la gente _____.
7. Para ser buenos amigos, es aconsejable que nosotros _____.

Funciones y estructuras: Giving advice with the subjunctive (irregular verbs)

WB9-6. Un campamento de verano El director de un campamento de verano quiere que los chicos se lleven bien. Completa los consejos que les da con los verbos de la lista.

pensar   jugar   ser   saber   haber   mentir   oír   tocar   decir   tener

1. Es urgente que _____ que nosotros no toleramos las peleas *(fights)*.

2. Les recomiendo que _____ honestos y respetuosos.

3. Es importante que nos _____ si tienen algún problema.

4. Es necesario que _____ todas las recomendaciones que les vamos a dar.

5. Les aconsejo que _____ en las consecuencias antes de actuar.

6. Es bueno que _____ al béisbol en armonía y sin discusiones.

7. Es mejor que no _____ porque las mentiras causan problemas.

8. Les sugiero que _____ cuidado con las cosas de las demás personas.

9. Es preferible que _____ un ambiente de cortesía y de respeto.

10. Es aconsejable que no _____ las pertenencias *(belongings)* de sus compañeros.

WB9-7. La doctora Nora Lee la carta que le mandaron a una columnista consejera y la respuesta de la doctora. Después, completa la respuesta con la forma apropiada del subjuntivo del verbo entre paréntesis.

Estimada doctora Nora:

Ya no me llevo bien con mi hermano. Él tiene 21 años y yo tengo 22. Antes éramos muy unidos. Salíamos mucho juntos con los amigos del colegio, jugábamos básquetbol todo el tiempo y nos hablábamos de todo. Pero, después del colegio, asistimos a universidades diferentes. Ahora trabajo en otra ciudad y sólo nos vemos dos o tres veces al año. Él tiene una nueva novia y pasa mucho tiempo con ella. Creo que van a casarse el año próximo, pero no la conozco muy bien. Quiero mucho a mi hermano, pero no quiero perderlo. ¿Puede Ud. ayudarnos?

Sinceramente,

un hermano preocupado

Querido hermano:

Es lógico que tú _____ (estar) preocupado. La familia es una parte importante de la vida: nos apoya y nos acepta sin juzgar. Sin la familia, nos sentimos perdidos. Es urgente que Uds. _____ (tener) más contacto. Te pido que _____ (hacer) un esfuerzo para comenzar el proceso:

Te sugiero que _____ (conocer) mejor a la novia de tu hermano.

Les recomiendo a los tres que _____ (visitarse) más y que _____ (pasar) más tiempo juntos durante el año.

Les aconsejo a ti y a tu hermano que _____ (salir) juntos de vacaciones, que _____ (ir) a unos partidos de básquetbol profesional o que los dos _____ (escribirse) por correo electrónico para mantenerse en contacto.

Ojalá que tú _____ (poder) dar el primer paso para arreglar la relación.

Buena suerte,

Doctora Nora

Escritura

Phrases/Functions: asking and giving advice
Vocabulary: people, personality
Grammar: verbs: subjunctive agreement

WB9-8. Conflictos familiares ¿Tienes algún pariente que parece tener problemas para establecer relaciones saludables con los demás miembros de la familia? ¿Qué le aconsejas/recomiendas/sugieres a esta persona? ¿Qué es aconsejable/bueno/importante/… que haga? ¿Y qué opinan los demás miembros de tu familia? Escríbele una carta.

Paso 1: Preparación Piensa en el conflicto familiar que tiene este pariente y haz una lista de los consejos que le quieres dar.

Paso 2: El borrador Escribe el borrador de la carta, usando la lista de la sección de **Preparación.**

Paso 3: Revisión Considera las siguientes preguntas para revisar el borrador.

1. ¿El contenido es apropiado? ¿Es necesario dar más consejos o crees que esta persona va a entender cuál es tu punto de vista?
2. ¿Está bien organizada la carta? ¿Crees que es necesario cambiar el orden de las ideas?
3. ¿Usaste algunos términos de este **Tema**? ¿Usaste las expresiones para dar consejos que aprendiste en este **Tema**? ¿Conjugaste bien los verbos en el presente de subjuntivo?

Paso 4: La versión final Haz los cambios necesarios de acuerdo con las respuestas a las preguntas anteriores y añade las ideas nuevas que te vengan a la mente. Antes de entregarle una copia de la carta a tu profesor(a), asegúrate de que no haya errores de ortografía.

Tema 2 Relaciones laborales

Vocabulario: Compañeros y jefes

WB9-9. Los compañeros de trabajo Empareja las características de los compañeros de trabajo (a la izquierda) con su definición (a la derecha).

_____ 1. agresivo

_____ 2. buen compañero

_____ 3. cumplidor

_____ 4. honesto

_____ 5. puntual

_____ 6. respetuoso

_____ 7. tener buen sentido del humor

_____ 8. tímido

a. decir la verdad

b. divertir a otros

c. llevarse bien con los superiores

d. no querer hablar con otros

e. prestar atención al reloj

f. ser buen amigo

g. ser demasiado fuerte o, a veces, violento

h. siempre terminar el trabajo

WB9-10. ¡No, al contrario! Uno de tus nuevos amigos te pregunta sobre tus compañeros de trabajo. Respóndele con los adjetivos y las características opuestos.

MODELO —El secretario es bastante irresponsable, ¿verdad?
—¡No, al contrario! *Él es muy leal y competente; siempre cumple con el trabajo y es buen compañero.*

1. —Héctor es muy trabajador, ¿no?
—¡No, al contrario!

_____

2. —Ana Luisa es muy tímida, ¿verdad?
—¡No, al contrario!

_____

3. —Manolo y Javier son puntuales y cumplidores, ¿no?
—¡No, al contrario!

_____

4. —Las dos nuevas empleadas, ¿son seguras de sí mismas?
—¡No, al contrario!

_____

5. —Tú eres muy serio(a) en la oficina, ¿verdad?
—¡No, al contrario!

_____

6. —El señor Ruiz no es muy honesto, ¿verdad?
—¡No, al contrario!

_____

WB9-11. Los jefes Lee las siguientes descripciones que los empleados han hecho de sus jefes y complétalas con la palabra o la frase apropiadas de la lista.

> MODELO   Mi jefe favorito fue el Sr. Altamonte. Cuando tomaba una decisión,
> nunca cambiaba de idea. Es decir, él era *firme*.

accesible   asumir riesgos   creativo   delegar su poder

amar   respetar   saber escuchar

1. Puedo hablar con mi jefa mucho porque su oficina está al lado de la mía y ella siempre me recibe bien. Es decir, para mí, ella es muy _____.

2. Tengo un buen jefe. Cuando tenemos una reunión, nunca interrumpe ni toma decisiones hasta que todos hayan tenido la oportunidad de participar. Es decir, él _____ bien.

3. ¡Ay, qué jefe tengo! Llega todos los días de mal humor; nunca sonríe y no se lleva bien con los otros empleados. Siempre habla de encontrar otro trabajo y de irse de la oficina. Es decir, es obvio que mi jefe no _____ el trabajo.

4. Mi jefa es muy original. A veces no piensa lógicamente, pero siempre cumple con el trabajo. Usa mucho la imaginación y propone soluciones únicas a los problemas. Es decir, mi jefa es _____ y también _____.

5. Pues yo tengo dos jefes. Los dos son ideales para mí. Ellos permiten que todos los empleados participen por igual: podemos darles sugerencias y ellos nos escuchan. Muchas veces nos permiten tomar decisiones importantes. Es decir, mis jefes _____ a los empleados y _____.

Funciones y estructuras: Expressing wishes and requests

WB9-12. El/La jefe(a) típico(a)... ¿Qué cualidades tiene el/la jefe(a) típico(a)? Completa las siguientes descripciones con la alternativa más lógica.

El/La jefe(a) típico(a)...

1. quiere que sus empleados (a. lleguen temprano b. lleguen tarde) al trabajo.

2. les exige a sus empleados que (a. hagan b. no hagan) lo que deben hacer.

3. prohíbe que las personas (a. traigan su almuerzo b. traigan a su perro) a la oficina.

4. insiste en que los empleados (a. lleven b. no lleven) vaqueros si trabajan en la sección de atención al público.

5. prefiere que cada persona (a. trabaje exactamente b. trabaje menos de) ocho horas diarias.

6. espera que (a. haya b. no haya) problemas personales entre sus empleados.

7. les ruega a sus empleados que (a. llamen b. no llamen) si van a estar ausentes.

8. pide que los empleados (a. usen b. no usen) las computadoras para cosas personales.

9. desea que su personal (a. renuncie b. no renuncie) para trabajar en una empresa competidora.

10. necesita que los empleados (a. le sean leales b. le sean desleales).

WB9-13. Mi futuro empleo Ahora, ¿cuáles son tus expectativas para tu futuro empleo? Contesta las siguientes preguntas con oraciones completas.

MODELO   ¿Qué esperas de tu horario?
          Espero que mi horario sea flexible y cómodo.

1. ¿Qué quieres de tus colegas?

_____

2. ¿Qué necesitas de tu jefe?

_____

3. ¿Qué prefieres en tu área de trabajo?

_____

4. ¿Qué deseas para tus vacaciones?

_____

5. ¿Qué exiges de tus asistentes?

_____

Funciones y estructuras: Expressing emotion and feelings

WB9-14. El trabajo nuevo Escribe la forma correcta de los verbos entre paréntesis para completar la carta de José.

Segovia, 3 de mayo

Queridos padres:

Mañana comienzo el nuevo trabajo en las oficinas de Amerispan, S.A. ¡Es increíble que ya (yo)

_____ (estar) aquí! Me alegra que por fin _____ (llegar) el día, pero al mismo

tiempo tengo miedo de que algo malo _____ (ocurrir) ese día. También temo perder el autobús, por

eso tengo que levantarme a las 5:30 en punto. Es bueno que mañana _____ (ir) a hacer buen

tiempo porque no sé dónde está el paraguas y no quiero llegar mojado.

Pues, ya es hora de acostarme. Lamento que nosotros no

_____ (poder) vernos hasta agosto. Es una lástima que yo no

_____ (tener) muchas oportunidades de divertirme en los

próximos meses, pero necesito trabajar y ganar dinero para sentirme más

seguro de mí mismo. Y es una pena que Manuelito _____

(sentirse) triste porque no estoy allá. Por favor, díganle que me duele que

las cosas _____ (ser) así, pero que va a poder venir en la pri-

mavera.

Hasta la próxima, con abrazos y besos,

José Antonio

WB9-15. Mi vida ahora ¿Cómo te va ahora? Completa las siguientes oraciones con los verbos apropiados en el presente de subjuntivo.

MODELO   Tengo miedo de que *no haya trabajo para mí el verano que viene.*

1. Me molesta que mi familia _____.

2. Es curioso que mi amigo(a) _____,

   pero es ridículo que _____.

3. Me parece triste que muchos estudiantes _____,

   pero me parece fantástico que ellos _____.

4. Me gusta que mis clases _____.

5. Me parece terrible que los profesores _____,

   pero me agrada que _____.

Escritura

> **Phrases/Functions:** expressing a wish or desire, expressing an opinion, expressing hopes and aspirations, stating a preference
> **Vocabulary:** professions, working conditions, upbringing, office
> **Grammar:** verbs: subjunctive with **que**

WB9-16. Los inmigrantes y los trabajos en los EE.UU. Anoche estabas hablando con Tomás, tu nuevo amigo hondureño, sobre el controvertido tema de los inmigrantes y los trabajos en este país. Como no pudieron terminar la conversación, has decidido poner por escrito tu opinión. Específicamente, te gustaría escribir sobre:

- la inmigración
- los inmigrantes que trabajan ilegalmente en este país
- tu opinión sobre el argumento de que ellos toman los trabajos que les corresponden a los estadounidenses
- el aporte de los profesionales extranjeros aquí
- lo que esperas que ocurra al respecto

Paso 1: Preparación Vuelve a leer los puntos mencionados anteriormente y escribe las ideas que te vengan a la mente. No te preocupes por la organización ni por la presentación todavía.

Paso 2: El borrador Ahora, usa la información que escribiste para preparar el borrador de tu explicación.

Paso 3: Revisión Considera los siguientes puntos y revisa el borrador.

1. Contenido: ¿Se puede decir algo más? ¿Faltan detalles que hagan que tu explicación sea apropiada e interesante? ¿Fuiste convincente y persuasivo(a)?
2. Organización: ¿Las ideas siguen un orden lógico? ¿Incluiste una buena introducción y una buena conclusión?
3. Vocabulario y gramática: ¿Usaste vocabulario que aprendiste en este **Tema**? ¿Usaste el indicativo y el subjuntivo correctamente?

Paso 4: La versión final Antes de entregarle una copia a tu profesor(a), cambia las cosas que debas cambiar, incorpora las ideas nuevas que hayas generado y asegúrate de que no haya errores ortográficos.

Tema 3 Relaciones de pareja

Vocabulario: Amor, noviazgo y matrimonio

WB9-17. Es decir... Empareja lógicamente las frases de las dos columnas.

> **MODELO** Hace un año ya que ellos salen juntos. Es decir, *son novios.*

_____ 1. Ella no tiene esposo. Es decir,...	a. fue infiel.
_____ 2. El pobre... Su esposa murió. Es decir,...	b. está comprometido.
_____ 3. Joaquín acaba de darle a Darcy un anillo. Es decir,...	c. es soltera.
_____ 4. Los esposos van a terminar para siempre el matrimonio. Es decir,...	d. es viudo.
_____ 5. Adolfo y Estefanía comparten un apartamento, pero no están casados. Es decir,...	e. están comprometidos.
_____ 6. Ella es mi novia. Es decir, nosotros...	f. salimos juntos.
_____ 7. Mis tíos se van a separar porque ella salió con otro hombre. Es decir, ella...	g. se casan por lo civil.
_____ 8. David y Julieta se conocieron y se casaron después de dos meses. Es decir,...	h. se divorcian.
	i. se enamoraron a primera vista.
	j. viven juntos.

WB9-18. Las opiniones de la abuelita Completa el párrafo con las opiniones que tiene esta abuela sobre las relaciones de parejas de hoy en día.

casarse   divorciarse   enamorarse   viudos   ser infieles   vivir juntos

Hoy en día, las relaciones son muy diferentes. Los jóvenes (1) _____ rápidamente y muchos deciden irse a (2) _____ sin conocerse muy bien, y ahí empiezan los problemas. Muy pocas parejas (3) _____ por la iglesia y muchos de los que se casan (4) _____ después de un par de años. Esto es terrible, no solamente para los esposos, sino también para los hijos. Lo peor es que muchos esposos y esposas hoy en día (5) _____. Yo creo que es por la influencia de la televisión... ¡Añoro los viejos tiempos!

WB9-19. Tus consejos Si un(a) amigo(a) te pidiera *(asked you)* consejos sobre las relaciones de pareja, ¿qué le dirías? Completa las siguientes oraciones, usando el presente de subjuntivo o de indicativo, según sea necesario.

1. Para llevarte bien con tu novio(a), te recomiendo que _____.

2. Antes de casarte, es preciso que _____.

3. Si estás enamorado(a) de verdad, te sugiero que _____.

4. Cuando empiecen a salir juntos, es importante que _____.

5. Si tu novio(a) es infiel, es mejor que _____.

6. Si deciden vivir juntos, espero que _____.

Funciones y estructuras: Expressing doubt and denial

WB9-20. ¡Qué incrédula! Marta es una persona que siempre duda de lo que los demás le dicen. Indica cómo responde ella a lo que le dice Nora. **¡OJO!** Hay un caso que requiere el uso del modo indicativo.

> MODELO   Nora: Sara y Arturo se casan en agosto.
> Marta: Dudo que *Sara y Arturo se casen en agosto.*

1. NORA: Miguel está comprometido.

   MARTA: No estoy segura de que _____.

2. NORA: Mis padres se divorcian pronto.

   MARTA: ¡No es posible que _____.

3. NORA: El profesor Villalba es viudo.

   MARTA: Yo no pienso que _____.

4. NORA: César y Martica viven juntos.

   MARTA: No es verdad que _____.

5. NORA: Creo que Nilda es soltera.

   MARTA: Estoy segura de que _____.

6. NORA: Mi hermano Pablo tiene novia.

   MARTA: Es imposible que _____.

WB9-21. En el año 2025 ¿De qué cosas estás o no estás seguro(a), con respecto al año 2025? Trata de visualizar cómo serán las cosas y completa las siguientes oraciones.

1. Es dudoso que el presidente de los Estados Unidos _____.

2. No creo que los estadounidenses _____.

3. Es posible que las relaciones amorosas _____.

4. Estoy seguro(a) de que el medioambiente _____.

5. Es improbable que el mercado de empleo _____.

6. Creo que yo _____.

Funciones y estructuras: Talking about hypothetical situations with the subjunctive

WB9-22. Lo real vs. lo ideal Lee los siguientes pares de oraciones en inglés y después exprésalos en español. Asegúrate de usar el subjuntivo cuando la situación de la que se trata sea hipotética.

> MODELO   I have a (male) cousin who is getting married on Saturday.
> *Tengo un primo que se casa el sábado.*
> My (male) cousin does not want a girlfriend who wants to get married soon.
> *Mi primo no quiere una novia que desee casarse pronto.*

1. a. I prefer a roommate who does not smoke.

   _____

   b. My roommate smokes, but he/she wants to quit.

   _____

2. a. For our wedding, we need a church that is close to the hotel.

   _____

   b. Our church is on the corner of Central Avenue and Moore Street and is near the hotel.

   _____

3. a. Young people need to study, but they also need to have fun.

   _____

   b. I hope that my future is fun and interesting.

   _____

4. a. We have the best (female) friends! They are trustworthy and patient.

   _____

   b. We are looking for (female) roommates who are honest and friendly.

   _____

WB9-23. Según mi experiencia... ¿Qué consejo puedes dar sobre los siguientes asuntos *(topics)*? Combina los rasgos *(traits)* de personalidad y las metas de la columna A con los verbos de la columna B y forma seis consejos. No uses ningún verbo más de dos veces. Sé creativo(a) y usa la imaginación al formular tu consejo.

MODELO   Si te gusta mucho la naturaleza + no ser buena idea
         Si te gusta mucho la naturaleza, no es buena idea que consigas empleo en un rascacielos en una ciudad grandísima.

A	B
Si esperas divertirte mucho	necesitar
Si eres activo(a) y deportista	no buscar
Si eres bien sensible	no ser buena idea
Si te importa mucho la familia	ojalá
Si eres tímido(a)	querer
Si no quieres encargarte de mucho	ser importante
Si te gusta arriesgarte	
Si no quieres reñir nunca con tu futura pareja	
Si no te llevas bien con la gente rígida	
Si te gusta viajar y conocer nuevas culturas	

1. _____
2. _____
3. _____
4. _____
5. _____
6. _____

Lectura

WB9-24. Relaciones de pareja: cuando el amor falla

Antes de leer

1. ¿Cuál es el tema de esta lectura? Mira el artículo rápidamente y trata de contestar la pregunta.

_____ a. por qué las parejas de hoy se divorcian

_____ b. cómo mejorar una relación de pareja

_____ c. consejos para conseguir una pareja

_____ d. las claves para un matrimonio feliz

Relaciones de pareja: cuando el amor falla

Ana Muñoz, directora Cepvi

Muchas parejas se lamentan de que la pasión y el amor intenso que había entre ellos al principio ha ido desapareciendo hasta quedar convertido en una sombra de lo que fue, o transformado en un continuo enfrentamiento lleno de rencores, distanciamiento y luchas de poder. Sin embargo, aún pueden quedar vestigios de lo que fue, y en muchos casos el amor sigue todavía vivo y deseando poder expresarse plenamente de nuevo. En estos casos hay cosas que puedes hacer para mejorar tu relación, como las que exponemos a continuación.

■ Acepta a tu pareja tal y como es, con sus defectos y virtudes. Es posible que tu pareja tenga costumbres o comportamientos que no te gustan y tienes todo el derecho a pedirle que cambie, pero si te empeñas en que debe cambiar a toda costa, lo más probable es que sólo consigas enfadarte. Muy pocas personas van a cambiar si alguien les exige que deben hacerlo, les reprocha, las regaña, las insulta, etc. Lo más probable es que en vez de cambiar se enfaden y sigan igual. Tendrás más probabilidades de éxito si primero aceptas que tu pareja es como es y estableces una diferencia entre sus comportamientos y la persona.

■ Deja que tu pareja ejerza una influencia sobre ti, al igual que tú deseas influir en tu pareja. Ten en cuenta que influencia no es lo mismo que control o dominancia. La influencia es algo que eliges voluntariamente cuando aceptas una sugerencia de otra persona o cuando haces un cambio en tu comportamiento como resultado de una petición. Por supuesto, cuando tu pareja te pida que hagas (o cambies) algo, tienes derecho a negarte si consideras que es una petición poco razonable o que atenta contra tu integridad o libertad personal, pero si no es así y si entiendes que su posición es lógica y razonable, pero te estás negando por principio o por egoísmo, estarás poniendo en peligro tu relación.

■ Autonomía. No establezcas relaciones de dependencia de tu pareja hacia ti. Pregúntale a tu pareja cuáles son sus metas y sus deseos, las cosas que son importantes para ella o él, tanto en la relación como en la vida en general, y dale tu apoyo y tus ánimos en su intento de lograrlo. Reconoce que tiene su propia vida y sus propios sueños, aparte de los sueños que ambos comparten. No establezcas relaciones basadas en el egoísmo.

■ No establezcas relaciones basadas en el miedo al abandono. Si piensas que amas tanto a tu pareja que te morirías si te dejase y sientes celos a menudo o ansiedad ante la posibilidad de un abandono, recuerda que eso no es amor, sino dependencia. Deja libre a tu pareja.

■ Expresa aprecio y cariño. Hazle cumplidos, dile lo que te gusta de él o ella, dile que te ha parecido interesante algo que ha dicho, sé detallista, etc. Incluso si hace algo que te desagrada, trata de buscar un aspecto de esa conducta que sí te gusta. Por ejemplo, si les grita demasiado a tus hijos, puedes decirle que aprecias su interés y su esfuerzo por educar a los niños, y luego dile lo que te molesta de esa conducta y sugiérele otras alternativas.

- Aceptar las críticas. Cuando tu pareja te critica, considéralo como una crítica constructiva. Ten en cuenta que las críticas suelen darse cuando estás haciendo algo que molesta a otra persona y su crítica es una petición de cambio, no necesariamente un intento de herirte. Si te fijas sólo en el aspecto negativo, vas a rechazar una sugerencia que, de otro modo, podría resultarte lógica o constructiva. Por otro lado, no veas las críticas como un deseo de control, sino como una propuesta que puedes aceptar o rechazar sin necesidad de sentirte ofendido(a) por ello.
- Concédele a tu pareja el derecho a equivocarse. De este modo tendrás más probabilidades de arreglar los conflictos de manera constructiva. En vez de enfurecerte y atacar a tu pareja por haberse portado injustamente contigo, reconoce que nadie es perfecto y explícale lo que te ha molestado, dile cómo te has sentido y pídele que trate de no volver a hacerlo.

http://www.cepvi.com/articulos/relaciones.htm

A leer

2. Dale una mirada *(Scan)* al artículo y subraya las ideas más importantes.

3. Vuelve a la actividad 1 y corrige tu respuesta, basándote en cualquier información nueva que hayas encontrado *(you may have found)*.

4. **Organización.** Indica en qué orden se tratan los siguientes temas:

_____ a. independence

_____ b. tolerance of criticism

_____ c. acceptance of your partner as he/she is

_____ d. fear of abandonment

_____ e. mutual influence

_____ f. tolerance of mistakes

_____ g. displays of affection

5. **Vocabulario.** Según el contexto, ¿qué significan las siguientes palabras?
   a. ...el amor intenso que había entre ellos al principio ha ido desapareciendo hasta quedar convertido en una **sombra** de lo que fue...
      i. shadow
      ii. shame
      iii. show

   b. En estos casos hay cosas que puedes hacer para **mejorar** tu relación...
      i. manipulate
      ii. terminate
      iii. improve

   c. Acepta a tu pareja **tal y como es...**
      i. just as he/she is
      ii. as soon as he/she gets there
      iii. as often as he/she is there

   d. No **establezcas** relaciones basadas en el miedo al abandono.
      i. improve
      ii. terminate
      iii. establish

6. **Interpretación.** La autora dice en el párrafo inicial: «Sin embargo, aún pueden quedar vestigios de lo que fue, y en muchos casos el amor sigue todavía vivo y deseando poder expresarse plenamente de nuevo.» Explica esta oración.

_____

_____

_____

Después de leer

7. **Consejos.** Imagínate que un *pen pal* hispano tiene problemas en su relación de pareja. Comparte con él los tres consejos más importantes que aprendiste de esta lectura (con tus propias palabras, claro está).

_____

_____

_____

_____

_____

_____

Autoexamen

Vocabulario

WB9-25. ¡Adivina! Escoge la palabra o la frase que conteste la pregunta o complete mejor la oración.

_____ 1. ¿Cuál **no** es una característica de un buen amigo?
   a. Es leal.   b. Es gordo.   c. Es paciente.

_____ 2. Si tu amiga..., ella está dispuesta a ayudarte.
   a. se preocupa por ti   b. es paciente   c. corrige todos tus errores

_____ 3. Mi mejor amiga siempre dice: «Quiero una amiga que...»
   a. sea confiable.   b. sea alta.   c. sea débil.

_____ 4. Si tu amigo..., él no quiere cambiarte.
   a. es fiel   b. te juzga   c. te acepta

_____ 5. Los buenos amigos siempre...
   a. te apoyan.   b. te fallan.   c. te juzgan.

WB9-26. ¿Cuál es diferente? ¿Qué palabra no corresponde a la lista? Explica tu selección.

1. respetar / casarse / delegar / tomar riesgos

   _____

2. empleada / jefa / compañera / esposa

   _____

3. eficiente / agresivo / puntual / responsable

   _____

4. tímido / cumplidor / agresivo / perezoso

   _____

5. archivar / tomar decisiones importantes / atender a los clientes / delegar parte del poder

   _____

WB9-27. Relaciones Empareja la información de las dos columnas.

_____ 1. soltero	a. La esposa del Sr. Martínez murió el año pasado. Él es...
_____ 2. comprometido	b. Juan le acaba de dar un anillo a su novia. Él está...
_____ 3. casado	c. Pedro no está saliendo con nadie en particular. Él está...
_____ 4. separado	d. Nacho contrajo matrimonio con Alicia el verano pasado. Él es...
_____ 5. viudo	e. Gustavo ya no vive con su esposa. Él está...

Funciones y estructuras

WB9-28. El indicativo y el subjuntivo Completa las siguientes oraciones con la forma correcta del verbo entre paréntesis. Usa el presente de indicativo o de subjuntivo según el contexto.

1. Quiero que mis empleados _____ (confiar) en sí mismos y que _____

   (asumir) riesgos.

2. Los novios no creen que _____ (casarse) el próximo noviembre.

3. Mis padres dudan que yo _____ (poder) graduarme de esta universidad.

4. A veces, lo único que necesitamos son amigos que simplemente _____ (estar) dispuestos a escucharnos cuando tenemos problemas.

5. La. Sra. Augustine piensa que Marcos _____ (ser) bastante agresivo y seguro de sí mismo. Sin embargo, ella no cree que él _____ (tener) el suficiente sentido de responsabilidad para llegar a ser jefe.

6. Para superar el miedo, es preciso que nosotros _____ (aprender) estrategias de exposición para que las situaciones problemáticas no nos _____ (provocar) temor.

7. A veces me molesta mucho que mi amiga _____ (ponerse) de mal humor fácilmente.

8. Tú siempre _____ (preocuparse) por mí, pero te recomiendo que no me _____ (dar) más consejos.

9. Me recomiendan que yo no _____ (enamorarse) de la primera persona que yo _____ (conocer).

10. Este año, tengo un novio magnífico: _____ (tener) un buen sentido del humor y me _____ (querer) incondicionalmente.

WB9-29. Preguntas Contesta las siguientes preguntas con oraciones completas.

1. ¿Qué le aconsejas a una persona que no tiene muchos amigos?

_____

2. ¿Qué esperas del futuro?

_____

3. ¿Qué sientes con respecto a tu trabajo?

_____

4. ¿Qué cosa dudas con relación a tu vida sentimental?

_____

5. ¿Qué tipo de empleo quieres tener después de graduarte?

_____

Cultura

WB9-30. ¿Sabes la respuesta? Responde a las siguientes preguntas sobre Guatemala.

1. ¿Qué porcentaje de la población de Guatemala es de origen maya?

_____

2. ¿Cuál es la base de la economía de este país centroamericano?

_____

3. ¿Qué es Antigua? ¿Por qué es importante?

_____

4. ¿Qué son los huipiles? ¿Quiénes los hacen?

_____

5. ¿Por qué van los turistas a Tikal?

_____

Capítulo **10** ¿Qué quieres hacer?

Tema 1 A mantenernos en forma

Vocabulario: La buena salud y las enfermedades

WB10-1. ¿Para qué sirve(n)? Escoge frases de la segunda columna para formar oraciones lógicas sobre el tema de la vida saludable.

> MODELO   Levantar pesas sirve para *aumentar nuestra fuerza*.

____ 1. Las vitaminas y los minerales sirven para...

____ 2. La meditación sirve para...

____ 3. El ejercicio sirve para...

____ 4. Evitar las grasas animales sirve para...

____ 5. Hacer calentamiento y estiramiento sirve para...

____ 6. Dejar de fumar sirve para...

____ 7. La fibra sirve para...

a. aumentar la capacidad respiratoria.

b. bajar el nivel de colesterol.

c. crear el equilibrio *(balance)* en la nutrición.

d. evitar los dolores musculares.

e. mejorar la digestión y limpiar el cuerpo de toxinas.

f. mantenernos en forma.

g. reducir el estrés y mejorar la concentración.

WB10-2. Las condiciones médicas Selecciona la palabra correcta de la lista para terminar cada una de las siguientes oraciones. **¡OJO!** No se usan todas las palabras de la lista.

> MODELO   Si tengo una infección, necesito *un antibiótico*.

una pastilla	la congestión	un(a) dentista
un jarabe	la gripe	una radiografía
el mareo	los parásitos intestinales	una receta
enfermarse	un yeso	

1. Si me duele la cabeza, debo tomar _____.

2. Si me caigo de un árbol y me fracturo una pierna, primero necesito _____ para determinar la condición de la pierna y luego van a ponerme _____.

3. Toso mucho. Debo comprarme _____.

4. Me duelen los dientes. Es necesario que vaya a _____.

5. Con frecuencia, la fiebre es un síntoma de _____.

6. A veces, _____ me afecta el pecho.

7. Si me duele el estómago, puede ser por causa de _____.

8. Cuando necesito un medicamento más fuerte, el médico me da _____ y la llevo a la farmacia.

WB10-3. Los tratamientos ¿Qué pasó la última vez que no te sentías bien? Para *tres* de las siguientes situaciones, describe lo que hiciste tú o lo que hizo otra persona por ti.

> MODELO   Cuando tuve un accidente automovilístico, *mi compañero me llevó al hospital y llamó a mis padres para decirles que estaba bien.*

1. La última vez que estuve resfriado(a),...

_____

2. Un día en que tenía fiebre y dolor de cabeza,...

_____

3. Recientemente, cuando fui al médico,...

_____

4. La última vez que me dolió el estómago,...

_____

5. Un día en que estaba muy estresado(a),...

_____

Funciones y estructuras: Giving suggestions and instructions (review of formal commands and advice)

WB10-4. Remedios y recomendaciones Lee cada situación y completa la recomendación con uno de los verbos de la lista. Conjúgalos en la forma correcta del imperativo (mandatos). **¡OJO!** Algunos verbos tienen pronombres reflexivos y/o de complemento directo o indirecto.

> MODELO   Doña Elena no se siente bien porque tiene mucha tos.
> tomar → «Doña Elena, *tome* jarabe de miel.»

respirar   mantenerse   no dejarlo hacer   tomarle   aumentar

no ponerle   sentarse   traerlo   no subir

1. Simón está un poco subido de peso y tiene algunos problemas del corazón.

   «Simón, _____ más de peso y _____ ejercicio cinco veces por semana.»

2. Los Rovira no se sienten muy bien últimamente porque no comen bien.

   «Marla y Gustavo, _____ en forma comiendo bien. Además, _____ la actividad física.»

3. Danielito se cayó y se rompió un brazo.

   El médico dice: «Enfermera, _____ (Ud.) una radiografía, pero _____ un yeso. Regreso en unos minutos.»

4. Luisa y Ramón están mareados después de haber estado bajo el sol por mucho tiempo.

   «Chicos, _____ en estos sillones y _____ profundamente. Voy a llamar al médico.»

5. El hijo de Sofía se cayó de la bicicleta y se dio en la cabeza. Ella llamó a su médico.

   «Señora, _____ dormir y _____ inmediatamente a mi despacho. Los espero.»

WB10-5. ¿Qué les recomiendas? Completa las oraciones con una recomendación lógica según el caso.

1. Doris y Leo quieren combatir el estrés. Es bueno que ellos _____.

2. Yo quiero bajar de peso. El médico me aconseja que no _____.

3. Mi primo quiere dejar de fumar. Es importante que _____.

4. A nosotros nos duele la cabeza. Es preferible que _____.

5. Tú tienes un resfriado. Te sugiero que no _____.

6. Uds. quieren llevar una dieta balanceada. Es malo que _____.

7. El Sr. y la Sra. Alvarado desean aumentar su fuerza. Les recomiendo que _____.

8. Creo que me fracturé el pie. Es urgente que _____.

Funciones y estructuras: Giving instructions with informal commands

WB10-6. La propaganda Las siguientes oraciones son instrucciones para adultos sobre cómo tener buena salud. Cámbialas para que sean para jóvenes. Escribe el imperativo informal del verbo en cada oración.

MODELO   Nunca nade sin un(a) compañero(a).
          Nunca nades sin un(a) compañero(a).

1. No sea inactivo; mire menos televisión.

   _____

2. Haga un poco de calentamiento antes de correr.

   _____

3. No coma muchas grasas animales.

   _____

4. Diviértase al hacer ejercicio.

   _____

5. Póngase la ropa y los zapatos apropiados para el deporte.

   _____

6. No fume ni cigarrillos ni puros.

   _____

7. Tenga cuidado al correr o montar en bicicleta en la calle.

   _____

8. Vaya al médico y asegúrese de estar en buena salud antes de comenzar un nuevo programa de ejercicio.

   _____

9. Practique un deporte en grupo.

   _____

10. Elija una actividad que sea divertida y apropiada.

   _____

WB10-7. No estoy de acuerdo En cada situación a continuación, alguien le da a una amiga un consejo inadecuado. Corrige el consejo, (a) diciéndole a la amiga que no siga el consejo y (b) dándole un mejor consejo. Usa el mandato informal del verbo entre paréntesis.

> MODELO   Para combatir el estrés, bebe mucho alcohol. (beber mucha agua)
>   No estoy de acuerdo.
>   a. *No bebas mucho alcohol.*
>   b. *Bebe mucha agua.*

1. Sí, puedes correr sola por la noche por el campus. (siempre ir con otra persona)

   No estoy de acuerdo.

   a. _____

   b. _____

2. Si tienes gripe, no descanses mucho. (no asistir a clase)

   No estoy de acuerdo.

   a. _____

   b. _____

3. Para ser leal, discute los problemas de tus amigos con otras personas. (ser comprensivo)

   No estoy de acuerdo.

   a. _____

   b. _____

4. ¿Tienes un resfriado? Ponte una curita en la cabeza y llámame mañana. (tomar aspirina o jarabe)

   No estoy de acuerdo.

   a. _____

   b. _____

5. Si te caíste y te duele el brazo, acuéstate inmediatamente. (pedirle al médico que te saque una radiografía)

   No estoy de acuerdo.

   a. _____

   b. _____

6. ¿Vas a pasar dos meses en otro país? Deja tus medicinas en casa. (llevarlas contigo)

   No estoy de acuerdo.

   a. _____

   b. _____

Escritura

Phrases/Functions: asking and giving advice; stating a preference; weighing alternatives
Vocabulary: health: diseases and illness; body: parts
Grammar: verbs: subjunctive with **que;** verbs: imperative **tú**

WB10-8. La salud de un ser querido *(a loved one)* Uno de tus seres queridos (un pariente, un[a] amigo[a], etc.) no está bien de salud y no lleva una vida saludable. Por esta razón, has decidido hacer algo al respecto: escribirle una carta para (1) expresar tu preocupación, (2) describir las cosas que, en tu opinión, no están bien, (3) indicar las consecuencias que puede tener el no cambiar de estilo de vida y (4) darle sugerencias y recomendaciones.

Paso 1: Preparación Vuelve a leer los puntos mencionados anteriormente y escribe las ideas que te vengan a la mente. Puedes preparar un bosquejo *(outline)* si te parece más conveniente. No le prestes mucha atención a la organización en este momento.

Paso 2: El borrador Usa la información que escribiste en la sección de **Preparación** y escribe el borrador de la carta.

Paso 3: Revisión Considera los siguientes puntos y revisa el borrador.

1. Contenido: ¿Describiste bien el/los problema(s) de salud? ¿Las consecuencias están claras? ¿Fuiste convincente y persuasivo(a)?
2. Organización: ¿La carta sigue la estructura tradicional de una carta? ¿Las ideas siguen un orden lógico?
3. Vocabulario y gramática: ¿Usaste vocabulario que aprendiste en este **Tema**? ¿Usaste el indicativo y el subjuntivo correctamente? ¿Incorporaste verbos en la forma de mandato y expresiones que se usan para dar sugerencias?

Paso 4: La versión final Cambia las cosas que debas cambiar e incorpora las ideas nuevas que hayas generado. Antes de entregarle una copia de la carta a tu profesor(a), asegúrate de que no haya errores ortográficos.

Tema 2 La diversión en la ciudad

Vocabulario: Los deportes urbanos

WB10-9. El equipo necesario Para cada deporte, haz una lista del equipo necesario, usando las palabras de la lista. Marca cada cosa como necesaria **(N)** u opcional **(O).**

MODELO   El squash
gafas protectoras (N), pelota (N), raqueta (N), traje especial (O)

arnés   cancha   casco   codera   cuerda   gafas protectoras

pelota   raqueta   rodillera   traje especial

La natación   **El fútbol**

_____   _____

_____   _____

_____   _____

_____   _____

El ciclismo   **La escalada libre**

_____   _____

_____   _____

_____   _____

El patinaje en línea

_____

_____

_____

_____

WB10-10. Clasificaciones Identifica el/los deporte(s) descrito(s) en cada oración.

MODELO   Un deporte en que corres mucho: *el béisbol, el fútbol americano*

el béisbol   el ciclismo   el fútbol   el patinaje en línea   el tenis   la escalada libre   los bolos

1. Lo practicas solo(a): _____

2. Lo practicas en equipo: _____

3. Puedes jugarlo bajo techo: _____

4. Necesitas piernas fuertes: _____

5. Golpeas la pelota con un objeto: _____

6. Usas cuerdas y/o usas los brazos y las piernas para subir una montaña o una estructura:

   _____

WB10-11. Lo bueno y lo malo Termina las oraciones de manera lógica y da tus opiniones en cuanto a las ventajas y desventajas de los siguientes deportes urbanos.

MODELO   Lo bueno de **jugar bajo techo** es que *puedes jugar todo el año, pero lo malo es que no puedes aprovechar el buen tiempo para broncearte y respirar el aire puro.*

1. Lo bueno de **los bolos** es que _____,

   pero lo malo es que _____.

2. Lo bueno del **ciclismo** es que _____,

   pero lo malo es que _____.

3. Lo bueno de **la escalada libre** es que _____,

   pero lo malo es que _____.

4. Lo bueno del **patinaje en línea** es que _____,

   pero lo malo es que _____.

5. Lo bueno de **todos los deportes urbanos** es que _____,

   pero lo malo es que _____.

Funciones y estructuras: Expressing opinion and emotion (review of the subjunctive)

WB10-12. Reacciones Eres una persona muy deportista y consciente de la seguridad al practicar deportes urbanos. Lee las cosas que te dice tu amiga Rocío y completa lo que le respondes.

MODELO   Tengo una raqueta de tenis nueva.
Me alegra que *tengas una raqueta de tenis nueva.*

1. Me encanta practicar ciclismo durante el verano.

   Me alegro de que _____

2. Voy a comprar unas coderas nuevas esta tarde.

   Me parece fantástico que _____

3. Mi pelota de básquetbol es de la peor calidad.

   Me parece triste que _____

4. Nunca juego squash con gafas protectoras.

   Me parece peligroso que _____

5. Me siento muy bien después de patinar en el parque.

   Me agrada que _____

6. Mis padres juegan a los bolos todos los fines de semana.

   Estoy contento de que _____

7. Mi novio y yo escalamos montañas cuando vamos de vacaciones.

   Me gusta que _____

8. Celia busca una cancha donde pueda jugar tenis.

   Me agrada que _____

9. Vidal y Noé no están practicando ningún deporte.

   Me preocupa que _____

10. Carmen y yo llevamos rodilleras cuando patinamos por la ciudad.

   Me parece muy bien que _____

WB10-13. Cosas buenas y cosas malas ¿Qué recomendaciones le darías a una persona que quiere empezar a practicar los siguientes deportes? Completa las oraciones con una recomendación positiva y una recomendación negativa.

MODELO   ciclismo
Es bueno que *tengas una buena bicicleta,* pero es malo que *no uses un casco protector.*

1. el patinaje en línea

   Es bueno que _____,

   pero es malo que _____.

2. el squash

   Es bueno que _____,

   pero es malo que _____.

3. los bolos

Es bueno que _____ ,

pero es malo que _____ .

4. la escalada libre

Es bueno que _____ ,

pero es malo que _____ .

Funciones y estructuras: Expressing purpose, stipulation or future time frame with the subjunctive in adverbial clauses

WB10-14. ¿Cuál es más lógico? Selecciona la razón más lógica para completar cada oración.

____ 1. Ponte el casco...
   a. para no chocar con un auto.
   b. antes de salir en bicicleta.

____ 2. No voy a comprar más canciones en iTunes...
   a. hasta que bajen los precios.
   b. con tal de que yo haga más ejercicio.

____ 3. Permitimos que los niños vean las películas...
   a. a fin de que se peleen.
   b. a menos que tengan muchas escenas de sexo o de violencia.

____ 4. Algunas personas practican la escalada libre...
   a. en cuanto tengan miedo de las alturas.
   b. para pasar tiempo en las montañas.

____ 5. Se presentan las noticias a las diez...
   a. después de que se apagan los televisores.
   b. antes de que la gente se acueste.

____ 6. ..., nosotros vamos a hacer más ciclismo.
   a. Cuando haga menos calor
   b. A fin de que ganemos más peso

WB10-15. Más diversiones Frecuentemente, las diversiones dependen de varios factores (la hora, el tiempo, las obligaciones, etc.). Escribe oraciones completas con los elementos dados. Usa el subjuntivo cuando sea necesario.

MODELO   sí, mi hijo, / poder patinar en el parque / con tal de que / encontrar / las coderas y rodilleras
        Sí, mi hijo, puedes patinar en el parque con tal de que encuentres las coderas y rodilleras.

1. yo / practicar el ciclismo / para que / mi salud / mejorar

   _____

   _____

2. mi amigo Rafael y yo / mirar «CSI» / a menos que / salir a patinar

   _____

   _____

3. ¿tú / preferir / practicar / escalada libre / o / escuchar música?

   _____

   _____

4. Ana María / llamarme / antes de que / (yo) irme de compras

_____

_____

5. cuando / yo tener el tiempo, / ir a jugar squash

_____

_____

6. en cuanto / haber / una película nueva de Tom Hanks, / nosotros pensar / verla

_____

_____

7. ser buena idea que / nosotros ir a jugar / fútbol mañana / a menos que / llover

_____

_____

8. no molestarme / alquilar los vídeos / porque / vivir cerca de / la tienda

_____

_____

9. Magda / tener un resfriado / y / no poder / jugar a los bolos; / así que / nosotros deber / esperar / hasta que / ella sentirse mejor

_____

_____

10. cambiar (tú) el canal / para que / los niños / no mirar / esa telenovela tan mala

_____

_____

Escritura

Phrases/Functions: hypothesizing
Vocabulary: health: diseases and illness, sports
Grammar: verbs: present; verbs: subjunctive agreement

WB10-16. Mi vida futura Tu amiga argentina, que lleva una vida muy saludable y activa, te hizo las siguientes preguntas sobre las cosas que esperas hacer en el futuro para mantenerte saludable y joven de espíritu.

■ Actualmente, ¿te consideras una persona físicamente activa y que goza de *(enjoys)* la vida? Explica por qué.
■ Si eres activo(a) y gozas de la vida, ¿qué cosas esperas hacer para continuar así? Si no, ¿piensas cambiar tu rutina? ¿Cómo?
■ ¿Qué cosas se recomiendan para poder hacer las cosas que esperas hacer?
■ ¿Con qué propósito vas a hacer estas cosas? ¿Cuándo piensas empezar a hacer estos cambios? ¿Qué cosas pueden interferir con estos planes? Explica por qué.

Paso 1: Preparación Piensa en las respuestas a estas preguntas y haz una lista de las ideas que quieres desarrollar.

Paso 2: El borrador Escribe el borrador del correo electrónico que le vas a enviar a tu amiga usando la lista de la sección de **Preparación.**

Paso 3: Revisión Considera las siguientes preguntas para revisar el borrador.

1. ¿El contenido es apropiado? ¿Es necesario incluir más información o ya respondiste detalladamente a todas las preguntas?
2. ¿Está bien organizado el mensaje? ¿Crees que es necesario cambiar el orden de las ideas?
3. ¿Usaste algunos términos de este **Tema**? ¿Usaste algunas de las expresiones para dar opiniones y para denotar emoción? ¿Incorporaste algunas de las conjunciones que se presentan en este **Tema**?

Paso 4: La versión final Haz los cambios necesarios de acuerdo con las respuestas a las preguntas anteriores y añade las ideas nuevas que te vengan a la mente. Antes de entregarle una copia del mensaje a tu profesor(a), asegúrate de que no haya errores de ortografía.

Tema 3 Panorama cultural

Vocabulario: Las bellas artes

WB10-17. Expresiones artísticas Empareja la información de las dos columnas.

____ 1. la escultura   a. usa el color y el diseño como medios de expresión

____ 2. la fotografía   b. usa el espacio y las formas tridimensionales

____ 3. la pintura   c. usa imágenes en movimiento para contar una historia

____ 4. el cine   d. usa la palabra para comunicar ideas y emociones

____ 5. la literatura   e. usa imágenes estáticas captadas con la ayuda de un instrumento óptico

WB10-18. Vocabulario artístico Completa cada oración con la palabra más apropiada de la lista.

obra maestra   exposición   galería de arte   técnica   paisaje   movimiento   luz

1. El lugar donde se presenta al público la producción de nuevos pintores y escultores:

_____

2. La presentación de pinturas, esculturas o fotografías de un artista: _____

3. El trabajo más importante y mejor elaborado de un artista: _____

4. La estrategia particular que caracteriza a un artista (o a un grupo de artistas): _____

5. Una representación panorámica de la realidad (usualmente con escenas de la naturaleza):

_____

6. Una manera característica de expresión que es común a un grupo de artistas (por ejemplo, el cubismo, el realismo, etc.): _____

WB10-19. ¿Quién es tu pintor(a) favorito(a)? Di quién es tu pintor favorito (Dalí, Kahlo, Renoir, Velázquez, O'Keefe, Michelangelo, …) y explica brevemente por qué. Usa por lo menos cinco de las siguientes palabras.

obra   imagen   luz   escena   paisaje   proporción

técnica   movimiento   representar   producir   utilizar

_____

_____

_____

Funciones y estructuras: Giving directives and advice (review of formal and informal commands and introduction of *nosotros* commands)

WB10-20. ¡No! ¡Perdón! Imagínate que eres profesor(a) en una escuela de arte y les estás diciendo a tus alumnos lo que tienen que hacer. Como estás muy ocupado(a), les dices las cosas mal y tienes que corregirte. Usa las claves para formar los mandatos. **¡OJO!** Tienes que usar mandatos formales (en singular y en plural) y mandatos informales, según las indicaciones.

> MODELO   Sra. Montalbán (formal) / usar las pinturas nuevas
> *Use las pinturas nuevas.* ¡No! ¡Perdón! *No use las pinturas nuevas.*

1. Andrea y Gabriela / utilizar este cuadro como modelo

    _____ ¡No! ¡Perdón! _____

2. Leyda (informal) / no presentarme el trabajo al final de la clase

    _____ ¡No! ¡Perdón! _____

3. Sr. Sotillo (formal) / representar la imagen con estilo realista

    _____ ¡No! ¡Perdón! _____

4. Javier (informal) / crear una escultura como las de Botero

    _____ ¡No! ¡Perdón! _____

5. Paco y Jacobo / producir obras al estilo neoclásico

    _____ ¡No! ¡Perdón! _____

6. Soledad Castro (formal) / no introducirle un elemento sorpresa a la serie de fotografías

    _____ ¡No! ¡Perdón! _____

WB10-21. De otra manera ¿Cómo motivarías *(would you motivate)* a las personas a hacer las siguientes cosas? Lee las claves y llena los blancos usando la forma verbal de mandato de **nosotros.** Usa pronombres de complemento directo, de complemento indirecto o pronombres reflexivos cuando sea posible.

> MODELO   Vamos a admirar las obras maestras del artista en el museo.
> *¡Admirémoslas!*

1. Vamos a conocer el trabajo del escultor en la galería esta noche. ¡_____!

2. Vamos a sentirnos bien al representar esta escena. ¡_____!

3. Vamos a escribirle una carta de felicitación al organizador de la exposición. ¡_____!

4. Vamos a pintar unos murales en el edificio del gobierno. ¡_____!

5. Vamos a representar algo que se relacione con la cultura masiva. ¡_____!

6. Vamos a utilizar la técnica que aprendimos ayer para la obra de hoy. ¡_____!

7. Vamos a salir para la galería de arte a las diez de la mañana. ¡_____!

8. Vamos a recordar esta imagen porque es increíble. ¡_____!

9. Vamos a comprarle esta pintura al artista italiano. ¡_____!

10. Vamos a esculpir en la clase del miércoles. ¡_____!

Funciones y estructuras: Talking about the future with the future tense

WB10-22. En el museo Cambia las expresiones verbales al futuro.

> MODELO   Creo que esta muestra *va a tener* una tarifa especial.
> *tendrá*

1. *Quiero ver* las obras de los pintores de la Boca. _____

2. *Tenemos que hacer* una presentación sobre la pintura del siglo XIX. _____

3. Manolo, ¿*vas a exponer* los dibujos en la galería el viernes? _____

4. ¿Qué *pueden decir* los visitantes de nuestra colección de fotografías? _____

5. Oí que ese grupo de artistas *va a producir* una nueva serie de esculturas argentinas para la exposición el año próximo. _____

6. ¡Después de dos horas aquí, *quiero comer* inmediatamente! _____

7. ¿*Va a saber* Ud. dónde están las obras de Pueyrredón? _____

8. ¿Nos *van a permitir* Uds. que tomemos fotografías? _____

9. *Puedes* encontrar más información sobre ese escultor en la biblioteca del museo. _____

10. *Van a poner* las obras de la exposición especial en la Sala B de la planta baja. _____

WB10-23. Lo que haremos cuando estemos de viaje Usa los siguientes grupos de palabras y frases para formar oraciones completas sobre un futuro viaje a la Argentina. Usa el futuro de los verbos y explica por qué harán Uds. las actividades.

> MODELO   algunos / asistir / una presentación sobre arte argentino / para...
> *Algunos asistirán a una presentación sobre arte argentino para*
> *familiarizarse con algunos de los artistas famosos y sus obras.*

1. nosotros / visitar / la sede del gobierno / para...

   _____

   _____

2. mis amigos y yo / ir / al estadio / para...

   _____

   _____

3. todos / quedarse / en el centro / para...

   _____

   _____

4. yo / tener que ir al Museo Nacional / para...

   _____

   _____

5. yo / escribir / tarjetas postales a mis parientes / para...

   _____

   _____

6. haber / oportunidades / de hablar con mucha gente / para...

_____

_____

7. muchos de los estudiantes / salir por la noche / para...

_____

_____

8. nosotros / hacer un viaje / a la Patagonia / para...

_____

_____

Lectura

WB10-24. Consejos para ciclistas

Antes de leer

1. **Predicciones.** Este artículo presenta consejos de seguridad para ciclistas. Antes de leer, haz una lista de por lo menos tres consejos que esperas encontrar en el texto.

   1. _____

   2. _____

   3. _____

Recomendaciones para montar en bicicleta con seguridad

Todos los años a muchos ciclistas los atropellan los automóviles. Si eres ciclista, debes tomar las siguientes medidas para prevenir accidentes:

1. <u>Utiliza el casco</u>: Los estudios realizados indican que el uso del casco puede reducir las lesiones cerebrales hasta en un 85 por ciento. El casco debe adaptarse bien a tus necesidades y debe ser aprobado por el Instituto Nacional Americano de Standards (ANSI).

2. <u>Indumentaria</u>: Usa ropa de color claro o reflectante si vas a usar la bicicleta por la tarde en momentos de poca visibilidad. La ropa debe ser ceñida al cuerpo para evitar que se enganche *(to get hooked)* en la bicicleta. Si llevas alguna carga o una bolsa, procura que estén bien sujetas.

3. <u>Carril de la derecha</u>: Circula siempre por el carril de la derecha y respeta las señales de tráfico. Nunca pases de un carril a otro ni te acerques a la parte posterior de un automóvil o de un camión para que te **remolquen** *(so they tow you)*. Además, no te olvides de hacer las señales correctas de manos y brazos para comunicar las maniobras que vas a realizar.

4. <u>Atención al tráfico</u>: Siete de cada diez choques entre bicicletas y coches se producen en las intersecciones y salidas. Por ello, mira bien en ambas direcciones antes de entrar a una calle o a una intersección. Si hay mucha circulación camina junto a la bicicleta.

5. <u>Estado de la calzada</u>: Presta atención a las **rejas del alcantarillado** *(sewage drains)*, los **charcos** *(puddle)*, las piedras, los **baches** *(pothole)* o los cristales rotos. Antes de **esquivarlos** *(avoid)*, asegúrate de que puedes hacerlo con seguridad y aprovecha un espacio libre en el tránsito.

6. <u>Faroles</u>: Si montas de noche, no te olvides de encender los faroles traseros y delanteros de la bicicleta. Utiliza ropa reflectante, especialmente en las extremidades (tobillos y muñecas), en la espalda y en el casco.

7. <u>Carriles para bicicletas</u>: Monta por las sendas y los caminos reservados para las bicicletas que estén marcados con señalización especial.

8. <u>Comprueba el estado de la bicicleta</u>: Asegúrate de que la bicicleta se adapta correctamente a tu tamaño. Los pies deben tocar el suelo cuando estés sentado en el asiento y el manubrio debe estar fijo y girar con facilidad. Verifica que las ruedas y todos los elementos de la bicicleta están bien asegurados.

9. <u>Utiliza los frenos</u>: Los frenos permiten controlar la velocidad, por lo que es importante que funcionen correctamente. Si los frenos son de mano, utiliza los traseros primero. Además, modera la velocidad cuando las condiciones del terreno o la calzada sean peligrosas y frena con anticipación, ya que en ocasiones se requiere más distancia para detenerse.

10. <u>No escuches música con auriculares mientras montes en la bicicleta</u>, ya que impide que percibas la presencia de otros vehículos.

A leer

2. Dale otra mirada *(Scan)* al artículo y luego vuelve a la actividad 1. ¿Cuántos de tus consejos se encuentran también en la lectura?

3. **¿Cierto o falso?** Indica si las siguientes frases corresponden (**C**) o no (**F**) con la información del artículo.

_____ a. Usar un casco es importante para prevenir lesiones severas

_____ b. Debes usar ropa de colores oscuros para practicar este deporte

_____ c. En las carreteras, es mejor circular por el carril derecho

_____ d. Si ves cristales rotos en la carretera debes esquivarlos rápidamente

_____ e. Nunca debes montar en bicicleta por la noche

_____ f. Antes de montarte en la bicicleta, debes determinar si está en buen estado

_____ g. Es mejor usar primero los frenos delanteros de la bicicleta

_____ h. Jamás debes escuchar música con auriculares mientras montes en bicicleta

4. Vocabulario. Según el contexto, qué significan las siguientes palabras:
   a. Todos los años a muchos ciclistas los **atropellan** los automóviles
      i. helped
      ii. hit
      iii. carried
   b. **Indumentaria:** La ropa debe ser de color claro o reflectante si se monta durante la tarde en momentos de escasa visibilidad,
      i. regulations
      ii. visibility
      iii. clothing
   c. Si lleva alguna carga o una bolsa, procure que estén bien **sujetas**
      i. visible
      ii. loaded
      iii. secured

d. Si montas de noche no olvides encender los **faroles** traseros y delanteros de la bicicleta.
    i. lights
    ii. brakes
    iii. handle bar

e. Los pies deben tocar el suelo cuando estés sentado en el asiento y el **manubrio** debe estar fijo y girar con facilidad.
    i. lights
    ii. brakes
    iii. handle bar

f. No escuches música con **auriculares** mientras montes en la bicicleta
    i. loud volume
    ii. headphones
    iii. CD player

5. **Enfoque lingüístico.** En el artículo se usan varios mandatos informales. Subraya todos los que encuentres y escribe en frente de cada mandato el verbo original en infinitivo.

MODELO   utiliza → utilizar

_____

_____

Después de leer

6. **Reglas prácticas.** Presenta un resumen de los consejos más importantes que encontraste en este artículo (tres o cuatro solamente).

_____

_____

_____

_____

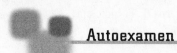

Autoexamen

Vocabulario

WB10-25. Consejos de salud Escoge la palabra o la frase que complete mejor cada oración.

_____ 1. Si necesito medicina, a veces el médico me da... para llevar a la farmacia.
    a. una receta   b. una pastilla   c. un yeso

_____ 2. Para promover el bienestar, los médicos nos sugieren que tomemos... diariamente.
    a. vitaminas   b. productos refinados   c. grasas animales

_____ 3. Es importante hacer... para aumentar la elasticidad.
    a. bolos   b. estrés   c. estiramiento

_____ 4. Cuando tengo tos, usualmente compro... en la farmacia.
    a. un jarabe   b. una radiografía   c. una curita

_____ 5. Para el dolor de cabeza es mejor tomar...
    a. un yeso   b. un antibiótico   c. una pastilla

_____ 6. Todos debemos tener... en casa para emergencias.
    a. una radiografía   b. un botiquín   c. una receta

WB10-26. ¿Cuál es diferente? ¿Qué palabra no corresponda a cada lista? Explica tu selección.

1. escalar / halar / pedalear / tirar

_____

2. raqueta / casco / rodillera / codera

_____

3. patinaje en línea / escalada libre / ciclismo / béisbol

_____

4. pelota / raqueta / cuerda / cancha

_____

5. pedalear / esquiar / golpear / jalar

_____

WB10-27. El arte Empareja la información de las dos columnas.

_____ 1. exposición   a. el movimiento

_____ 2. Picasso   b. técnica

_____ 3. abstracta   c. obra maestra

_____ 4. La Mona Lisa   d. pintor

_____ 5. el impresionismo   e. luz

                              f. galería de arte

Funciones y estructuras

WB10-28. Instrucciones

1. Cambia los verbos de las siguientes oraciones a imperativos informales en singular.

MODELO   Estudie esta noche.
          Estudia esta noche.

   a. No se ponga la chaqueta.

   _____

   b. Haga la tarea.

   _____

   c. No hable en voz alta.

   _____

   d. Diviértase en la universidad.

   _____

   e. Vaya a la biblioteca.

   _____

2. Ahora, cambia los verbos en las siguientes oraciones a imperativos en la forma de **nosotros.**

MODELO   No crucen la calle.
          No crucemos la calle.

   a. No arriesguen la salud.

   _____

   b. Practiquen muchos deportes.

   _____

   c. Levántense temprano todos los días.

   _____

   d. No salgan sin muchos amigos.

   _____

   e. No distraigan a sus amigos.

   _____

WB10-29. Expresiones de ahora y del futuro Completa las oraciones escribiendo la forma apropiada del verbo entre paréntesis. Usa el presente de indicativo, el presente de subjuntivo o el futuro, según el contexto.

1. _____ (sentirse) mejor Uds. cuando _____ (tomar) jarabe, con tal de que _____ (descansar) también.

2. Los especialistas nos recomiendan que _____ (hacer) ciclismo para mantenernos en forma.

3. El año próximo, yo _____ (ir) a Argentina para escalar las montañas en cuanto mi amigo Rafael _____ (poder) ir conmigo.

4. La médica me recetó el antibiótico para que _____ (desaparecer) la infección.

5. A menos que _____ (haber) un desastre y que no _____ (venir) nadie a la exposición, las muestras _____ (estar) en la sala hasta el próximo octubre.

6. Si _____ (dejar) (tú) de fumar, _____ (vivir) unos sesenta años más.

7. Después de que nosotros _____ (ir) al museo, les _____ (decir) el significado de ese movimiento de arte abstracto.

8. Algunas de las ventajas del ejercicio _____ (ser) que nos _____ (distraer) y _____ (promover) la buena salud.

9. ¡Ya verás! Cuando _____ (participar) (tú) en los deportes, _____ (bajar) de peso y _____ (reducir) el estrés.

10. Es importante que nosotros _____ (leer) la guía de televisión en caso de que no _____ (anunciar) el programa que queremos ver.

Cultura

WB10-30. ¿Sabes la respuesta? Responde a las siguientes preguntas sobre Uruguay.

1. ¿Cómo es el clima en Uruguay? ¿Por qué?

_____

2. ¿Qué característica tiene la población de este país?

_____

3. ¿Cuál es la base de la economía del Uruguay?

_____

4. ¿Cuál es el símbolo cultural del país?

_____

5. ¿Qué lugares de interés deben visitar los turistas en Uruguay? Menciona dos.

_____

Capítulo **11** Mirando hacia el futuro

Tema 1 Proyectos personales

Vocabulario: Mis aspiraciones

WB11-1. Asociaciones Empareja los conceptos de la izquierda con las frases de la derecha.

_____ 1. una meta   a. lograr nuestras metas u objetivos

_____ 2. un reto   b. manejar las cosas con calma

_____ 3. tener paciencia   c. ser muy alegre y cómico

_____ 4. tener suerte   d. algún obstáculo o dificultad que se nos presenta

_____ 5. tener éxito   e. un objetivo que tenemos

                                f. cuando ganamos la lotería

WB11-2. Unas aspiraciones famosas Completa las oraciones con la forma correcta de la palabra o frase de la lista. No uses ninguna palabra o frase más de una vez. **¡OJO!** Tienes que conjugar los verbos.

alcanzar	enfrentar	llegar a ser
aspirar a	éxito	mucha suerte
constancia	lograr	paciencia
disciplina		

1. Donald Trump se hizo rico invirtiendo en bienes raíces, pero si quieres hacerte rico(a) ganando la lotería, tienes que tener _____.

2. Martin Luther King, Jr. no _____ su sueño de crear una sociedad totalmente equitativa.

3. Muhammed Ali _____ ser el boxeador más famoso del mundo.

4. Mahatma Gandhi adoptó una actitud de resistencia pacífica; tuvo _____ y logró promover un profundo cambio social en su país.

5. Rosa Parks _____ el racismo.

6. George H. Bush fue director de la CIA, embajador en China, vicepresidente, y finalmente _____ presidente de los EE.UU.

7. Los campeones olímpicos tienen que practicar mucho para tener _____ y ganar medallas de oro.

WB11-3. Cómo éramos Completa las oraciones según tu experiencia en la escuela secundaria.

MODELO   Mi hermano era muy deportista y jugaba en un equipo de golf.
          Él tenía la disciplina para practicar todos los días después de las clases por tres horas.

1. En la escuela secundaria, yo tenía la ilusión de ser _____.

2. También, aspiraba a _____.

3. Sabía que lograría *(would achieve)* mis aspiraciones porque era _____

   _____.

4. Una persona ejemplar en mi vida fue _____

   porque _____.

5. Mi amigo(a) _____ era diferente; él/ella quería _____,

   así que él/ella _____.

Funciones y estructuras: Talking about aspirations (review of the future tense)

WB11-4. Hablando de los hijos Unos amigos están reunidos en un café de Santiago de Chile, hablando de cómo serán sus hijos en el futuro. Completa las cosas que dicen con los verbos de la lista.

hablar	hacer
llegar	lograr
tener	alcanzar
cambiar	aspirar
estudiar	enfrentar

ÉLMER: Estoy seguro de que algún día Penélope 1. _____ realidad su sueño de ser una

           bailarina famosa, porque baila muy bien.

MERCEDES: Pues Danielito y Ada 2. _____ conseguir trabajos en las Naciones Unidas. Ellos

           estudian lenguas extranjeras y les gusta mucho la traducción.

PAULA: Y Cesarina 3. _____ su temor al agua y tal vez hasta sea una nadadora profesional.

           ¡Uno nunca sabe!

JOSÉ: Pues Luisito… Confío en que él 4. _____ a ser un buen ingeniero. Le encantan

           las matemáticas y le interesa el diseño.

WALDO: A mis hijos también les gustan las matemáticas, pero ellos 5. _____ otra cosa,

           posiblemente física o astronomía.

BEATRIZ: Pues yo estoy segurísima de que Charo 6. _____ la perseverancia necesaria para

           llegar a ser médica. Ésa ha sido su pasión desde niña.

TITO: Yo no estoy tan seguro en cuanto a mis hijas. No sé… ¿7. _____ a asistir a la uni-

           versidad? ¡Eso está por verse!

CONSUELO: No seas tan pesimista. Yo 8. _____ con ellas sobre la importancia de la educación

           y verás que cambian de actitud. En mi caso, Fabián 9. _____ *mi* sueño de que él

           sea abogado o…

MILAGROS: ¡Eres terrible, Consuelo! ¿10. _____ (tú) algún día? ¡Lo dudo!

WB11-5. Preparación mental Contesta las siguientes preguntas con consejos, usando verbos en el tiempo futuro.

1. ¿Qué harás para alcanzar las metas que te has impuesto?

   _____

2. ¿Qué piensan hacer tus amigos(as) y tú para lograr su sueño de obtener buenos trabajos?

   _____

3. ¿Qué tendrán que hacer los demás estudiantes de la clase de español para sacar buenas notas?

   _____

4. ¿Qué harás por tu mejor amigo(a) para ayudarlo(a) a alcanzar sus metas?

   _____

5. ¿Qué harán tus parientes y tú para celebrar tu graduación?

   _____

Funciones y estructuras: Expressing conjecture and probability with the conditional tense

WB11-6. Lo que haríamos de viaje Completa el siguiente párrafo con la forma del condicional de los verbos entre paréntesis.

MODELO (nosotros – ir) *Iríamos* de compras a Valparaíso.

A mí me (gustar) _____ viajar a Sudamérica después de graduarme. ¿(tú – viajar)

_____ conmigo? (nosotros – hacer) _____ escalada libre en los Andes. También, mis

amigos de Concepción nos (llevar) _____ a todos los museos y galerías de arte. Creo que

(tú – gozar) _____ con conocer a la gente y con practicar español. Por supuesto, en junio allí

(ser) _____ invierno y (hacer) _____ frío, así que (nosotros – tener) _____

que empacar ropa apropiada. (nosotros – deber) _____ planear bien y hacer todas las reservas

temprano. ¿(tú – poder) _____ hacer este viaje conmigo?

WB11-7. Unos sueños no lejanos Contesta las preguntas usando el condicional.

MODELO ¿Con quién saldrías para conocerlo(la) mejor y por qué?
Saldría con Federico porque es de Chile y quiero saber más de su cultura.

1. ¿Qué te gustaría hacer para relajarte el fin de semana que viene?

   _____

2. ¿Adónde irías para probar un plato nuevo y qué plato sería?

   _____

3. ¿Qué harías para enfrentar un desafío personal?

   _____

4. Si pudieras ir a cualquier parte del mundo, ¿adónde viajarías y por qué?

   _____

5. ¿Con qué persona famosa (viva o muerta) te gustaría hablar y qué le preguntarías?

Escritura

Phrases/Functions: hypothesizing; expressing a wish or desire; expressing hopes and aspirations
Vocabulary: emotions: positive; professions, leisure; school: university
Grammar: verbs: conditional

WB11-8. Todo bajo control Imagínate que uno de tus amigos de habla hispana te preguntó qué harías si tuvieras *(you had)* todo bajo control (lo económico, lo personal, lo académico, etc.). Escribe una respuesta para esta pregunta, tomando en cuenta los siguientes aspectos de tu vida:

- lo personal (matrimonio, familia, amigos, etc.)
- lo profesional (títulos universitarios, trabajo, salario, etc.)
- la diversión (vacaciones, viajes, deportes, etc.)
- la rutina diaria (horario, actividades rutinarias, tiempo libre, etc.)
- la vivienda (el vecindario, la casa, los muebles, etc.)

Paso 1: Preparación Prepara una tabla con cinco columnas, una para cada uno de los aspectos mencionados arriba. Luego, completa la tabla con las ideas que quieres discutir. ¡Éste es el momento de ser creativo(a) y de no tener limitaciones!

Paso 2: El borrador Escribe el borrador de la respuesta que le vas a dar a tu amigo(a) con la información de la sección de **Preparación.**

Paso 3: Revisión Considera las siguientes preguntas al revisar el borrador.

1. ¿El contenido es apropiado? ¿Es necesario incluir más información o ya incluiste todos los detalles posibles sobre cada uno de los cinco aspectos de tu vida futura?
2. ¿Está bien organizado el mensaje? ¿Crees que es necesario cambiar el orden de las ideas?
3. ¿Usaste algunos términos de este **Tema**? ¿Usaste el condicional correctamente?

Paso 4: La versión final Haz los cambios necesarios de acuerdo con las respuestas a las preguntas anteriores y añade las ideas nuevas que te vengan a la mente. Antes de entregarle una copia del mensaje a tu profesor(a), asegúrate de que no haya errores de ortografía.

Tema 2 Un futuro tecnificado

Vocabulario: Las comodidades de la era electrónica

WB11-9. El dinero plástico Completa las oraciones con la palabra más apropiada de la lista.
¡OJO! Hay un caso en que tienes que conjugar el verbo.

funcionar   desenchufar   programar   digitar   encender   insertar

1. Hoy en día no necesitas ir a una tienda para hacer tus compras. Solamente tienes que

   _____ tu computadora para tener acceso a toda clase de productos y servicios.

2. Para hacer tus compras, tampoco necesitas usar ni cheques ni efectivo. Simplemente tienes que

   _____ el número de tu tarjeta de crédito.

3. Tu tarjeta también te permite tener acceso a dinero en efectivo. Para eso, simplemente debes

_____ tu tarjeta en un cajero automático.

4. Muchos bancos ofrecen transacciones y pagos automáticos que se pueden _____ por

el Internet.

5. El único inconveniente es que la tecnología es impredecible. Si no hay conexión al Internet, o si los

equipos de la tienda no _____, tienes que usar efectivo.

WB11-10. Instrucciones de uso A continuación aparecen las instrucciones para programar una
videograbadora. Tienes que escoger el verbo apropiado de la lista y escribirlo en la forma correcta.

apagar   conectar   encender   pulsar   insertar   jalar   oprimir   prender   programar

Paso A.

Primero, debes (1) _____ la videograbadora. Para hacer esto, tienes que (2) _____ el

aparato a una fuente de electricidad y luego debes (3) _____ el botón gris de la izquierda.

Paso B.

Ahora, debes (4) _____ el DVD en la ranura y (5) _____ la máquina para la

grabación. Para hacer esto, usa los botones para el día y las horas de comenzar y terminar de grabar hasta

que la información necesaria aparezca en la pantalla.

Paso C.

Para (6) _____ la videograbadora no tienes que hacer nada. Ésa es una función automática. Cuando

quieras ver lo que grabaste, simplemente tienes que volver a encender el equipo y (7) _____ el botón

verde de «Play» en el control remoto.

WB11-11. La casa automática En el futuro, es posible que las computadoras controlen todos los aparatos en
la casa, el coche, la sala de clases, etc. Escribe cuatro oraciones para indicar tus preferencias en cuanto al control de las computadoras en tu vida futura.

MODELO   *Quiero que la computadora de la casa prenda la cafetera*
automática a las seis de la mañana y que la apague a las ocho.

1. _____

2. _____

3. _____

4. _____

Funciones y estructuras: Expressing opinion, emotion, wishes, doubt, stipulation, purpose, and future time frame with the subjunctive and the infinitive

WB11-12. ¿Infinitivo o subjuntivo? Lee las siguientes oraciones y escoge el infinitivo o la forma correcta del presente de subjuntivo según corresponda.

1. Voy a ir a la tienda para (a. comprar b. compre) una lavadora nueva. La mía no funciona bien desde hace una semana.
2. Si quieres usar este aparato, es necesario que (a. digitar b. digites) una clave secreta.
3. Don Augusto, le recomiendo que (a. apagar b. apague) todos los enseres eléctricos cuando (a. salir b. salga) de viaje.
4. No estoy segura de (a. tener b. tenga) la antena parabólica para este fin de semana.
5. Nos alegramos mucho de que ustedes (a. poder b. puedan) instalar el equipo de sonido esta noche.
6. Con tal de (a. vivir b. viva) más cómodamente, Irene está dispuesta a gastar todo el dinero necesario en aparatos electrónicos.
7. Espero (a. regalarte b. te regale) una secadora en cuanto (a. ganarme b. me gane) la lotería.
8. No es cierto que esta casa (a. tener b. tenga) un sistema de alarma integrado.
9. Para (a. economizar b. economicemos) electricidad, es aconsejable que nosotros (a. adquirir b. adquiramos) enseres eléctricos más modernos.
10. A mi abuela le parece increíble que toda la gente (a. querer b. quiera) tener una computadora en la casa.

WB11-13. Los demás y tú Completa las siguientes oraciones sobre ti y sobre otras personas importantes en tu vida. **¡OJO!** Cuidado con el uso del infinitivo y del modo subjuntivo.

MODELO   Yo espero vivir en una casa frente al mar y que mis padres *vivan en un apartamento pequeño.*

1. Mis amigos quieren tener buenos trabajos y ganar mucho dinero y que yo _____
   _____.
2. Yo iré de vacaciones cuando tenga tiempo libre y mi mejor amigo(a) irá cuando _____
   _____.
3. Temo no poder estudiar lo suficiente y que el examen de español _____
   _____.
4. En el mundo de hoy es aconsejable _____
   y que los seres humanos tengan un poco más de paciencia.
5. Generalmente, yo desayuno antes de _____
   y antes de que mi familia se levante.
6. El/La profesor(a) lleva ejercicios adicionales a la clase, a fin de estar bien preparado(a) y de que
   los estudiantes _____.
7. Es posible que mi hermano(a) _____
   y que nosotros(as) _____.
8. En la clase, nos alegramos de tener un(a) excelente profesor(a) y de que él/ella _____
   _____.

Funciones y estructuras: Talking about the past using the imperfect subjunctive

WB11-14. Reacciones y requisitos Completa las oraciones con la forma correcta del imperfecto del subjuntivo del verbo entre paréntesis.

1. Me alegré tanto de que mi amigo _____ (ganarse) una beca, que decidí estudiar para recibir una en el futuro. Ahora tengo varias para pagar mi educación.

2. Antes, muchas universidades prohibían que los hombres y las mujeres _____ (vivir) en el mismo edificio. Ahora es común encontrar no sólo edificios, sino pisos compartidos entre los dos.

3. Mis amigos nos recomendaron que _____ (descansar) y _____ (relajarse) antes de que las clases _____ (comenzar) en la universidad.

4. Cuando era niño(a), yo compartía el dinero con mis amigos para que ellos _____ (comprar) juguetes y dulces; ahora que soy adulto(a), guardo mi dinero para la matrícula de la universidad, los libros y las necesidades de la vida.

5. En el pasado, muchas universidades buscaban estudiantes a quienes les _____ (gustar) el latín o el griego y que _____ (conocer) un poco de la cultura romana y de la griega. Ahora estos requisitos son raros.

6. Tuve que esperar unos meses para que esta universidad me _____ (enviar) la carta de aceptación. ¡Qué alegre me puse al recibirla!

7. En una clase de español, la profesora nos exigía que _____ (estudiar) todos los días de la semana. Después de terminar el curso ¡amaba el español!

8. En el colegio, me molestaba que los maestros nos _____ (asignar) mucha tarea. ¡Pero ahora en la universidad nos dan aún más!

WB11-15. Transformaciones Cambia los verbos necesarios para que las siguientes oraciones describan eventos y situaciones del pasado. **¡OJO!** Fíjate en la diferencia entre el uso del pretérito y el imperfecto de subjuntivo.

MODELO   Les recomiendo a mis padres que compren una computadora para que me envíen correo electrónico.
recomendé, compraran, enviaran

1. Vamos a leer las instrucciones hasta que instalemos el equipo de sonido.

   _____

2. Mi jefa me dice que compre el nuevo programa durante el verano.

   _____

3. Normalmente apago la cafetera automática a las siete para que no se queme el café.

   _____

4. Es necesario que un ejecutivo aprenda mucho sobre tecnología a fin de que comprenda mejor los avances de la industria.

   _____

5. ¡Qué maravilla! Me alegra tanto que por fin nos permitan tener una antena parabólica.

_____

6. Tengo que apagar mi computadora antes de que Ud. repare el sistema, ¿verdad?

_____

Escritura

Phrases/Functions: talking about the recent past
Vocabulary: computers; media: photography and video; media: telephone and telegraph; media: television and radio; tools
Grammar: verbs: subjunctive with **como si**

WB11-16. Los grandes inventos del siglo XX Hoy día es casi inimaginable vivir sin los grandes inventos del siglo XX como la computadora, el horno microondas, la cafetera automática, etc. Prepara un resumen de las razones por las que se inventaron estos artefactos y haz una breve descripción de cómo era la vida antes de que éstos se inventaran.

Paso 1: Preparación Selecciona los ocho aparatos que más usas y haz una lista de las razones por las que se inventaron y de las cosas que la gente hacía (y no hacía) antes de su invención.

Paso 2: El borrador Escribe el borrador de tu resumen, usando las listas que preparaste en la sección de **Preparación.**

Paso 3: Revisión Considera las siguientes preguntas al revisar el borrador.

1. ¿El contenido es apropiado? ¿Crees que es necesario mencionar algo más?
2. ¿Está bien organizado el resumen? ¿Sería más efectivo cambiar el orden en que presentaste tus ideas?
3. ¿Usaste algunos términos de este **Tema**? ¿Usaste correctamente el imperfecto de indicativo y el imperfecto de subjuntivo?

Paso 4: La versión final Haz los cambios necesarios de acuerdo con las respuestas a las preguntas anteriores y añade las ideas nuevas que te vengan a la mente. Antes de entregarle una copia de tu resumen al / a la profesor(a), asegúrate de que no haya errores ortográficos.

Tema 3 Utopías

Vocabulario: Un mundo mejor

WB11-17. Definiciones Empareja las definiciones con las palabras de la lista que corresponda.

a. la caridad
b. la discriminación
c. la extinción
d. los derechos
e. la guerra

f. la indiferencia
g. el medioambiente
h. la tolerancia
i. vincularse
j. consumir

_____ 1. Es el acto de proveer el dinero, la ropa o las necesidades básicas a los pobres o a las víctimas de violencia o de desastres.

_____ 2. Es el acto de sentirse superior a otros y, por eso, negarles las mismas oportunidades o derechos.

_____ 3. Es la desaparición de algo para siempre de la naturaleza.

_____ 4. Es la cualidad de una persona que respeta a otras personas a pesar de *(in spite of)* no compartir sus creencias.

_____ 5. Es decir, «obtener y usar».

_____ 6. En EE.UU., incluyen la presencia de una prensa libre, llevar armas, practicar uno su religión y poder expresarse en público.

_____ 7. Es el conjunto de los animales, las plantas y los rasgos geográficos.

_____ 8. Es decir, «participar».

_____ 9. Es lo contrario de la paz.

_____10. Es la actitud de no prestar atención o no interesarse en una situación o persona.

WB11-18. ¿Lo sabes? Selecciona la opción que mejor complete la oración.

_____ 1. Una persona que enfrentó la violencia pacíficamente fue...
   a. Adolf Hitler   b. Mahatma Gandhi   c. Sylvester Stallone

_____ 2. Una persona que luchó en contra del hambre fue...
   a. la Madre Teresa   b. Florence Nightingale   c. Elizabeth Dole

_____ 3. Una famosa organización de caridad es...
   a. The Moral Majority   b. The United Nations   c. The Salvation Army

_____ 4. Los sindicatos *(unions)* como el AFL-CIO intentan crear... entre los trabajadores.
   a. el odio   b. la solidaridad   c. la guerra

_____ 5. «Greenpeace» es una organización famosa que se preocupa por...
   a. el medioambiente   b. los derechos humanos   c. la miseria

_____ 6. La Organización de las Naciones Unidas trata asuntos relacionados con...
   a. el hambre   b. la guerra   c. la religión

_____ 7. En muchas universidades, los profesores... enfermedades.
   a. invierten dinero en medicinas para curar
   b. protegen a los animales de muchas
   c. hacen investigaciones sobre

WB11-19. Preguntas Responde a las preguntas según tu experiencia personal.

1. ¿Hay algo que no consumes? ¿Por qué?

_____

_____

2. ¿Qué comida o productos recomiendan los médicos que evitemos y por qué?

_____

_____

3. ¿Qué hacen tus amigos y tú para proteger el medioambiente? ¿Por qué?

_____

_____

4. ¿Contribuyes tú o algún familiar a alguna campaña educativa o de caridad? ¿Por qué sí o por qué no?

_____

_____

5. ¿A qué organizaciones ambientales o sociales pertenecen *(belong)* muchos de los alumnos de tu universidad? ¿Qué hacen esas organizaciones?

_____

_____

Funciones y estructuras: Talking about the past using the imperfect subjunctive (irregular verbs)

WB11-20. Compromiso social Completa las siguientes oraciones con los verbos de la lista.

dar ir saber poder tener leer haber oír ser estar venir

1. Mis padres siempre querían que yo _____ folletos *(pamphlets)* sobre la lucha contra el hambre.

2. Antonio esperaba que tú _____ explicarle el conflicto de la guerra de Vietnam.

3. Como me interesa tanto el medioambiente, me gustaría que nosotros _____ a una reunión de «Greenpeace».

4. El mundo sería mejor si _____ más gente comprometida con los problemas sociales y que _____ más tolerante.

5. El profesor de ciencias ambientales quería que Uds. _____ que la manifestación en pro de los derechos civiles es el sábado por la tarde.

6. Fue una lástima que David no _____ venir con nosotros a la marcha.

7. Mis padres siempre me instaban *(encouraged)* a que les _____ dinero a las organizaciones de caridad.

8. Si estos animales no _____ en peligro de extinción, la gente los seguiría matando.

9. Te pedí que _____ las noticias sobre el consumo de alcohol en los EE.UU., pero no lo hiciste.

10. Era una lástima que los niños _____ que caminar tanto para conseguir comida.

WB11-21. Cuando era niño(a)... Primero, conjuga los verbos correctamente. Luego, completa las oraciones con información lógica.

MODELO Cuando era niño(a), mis padres querían que (yo)...
dormir → *durmiera ocho horas todas las noches*.

1. hacer _____

2. ser _____

3. poner _____

4. sentirme _____

5. decir _____

6. hacer _____

Funciones y estructuras: Expressing condition (*si* clauses)

WB11-22. Posibilidades Para cada grupo, haz una oración, describiendo las posibilidades. Para una oración señalada con **H,** expresa una situación hipotética usando el imperfecto del subjuntivo y el condicional. Para una oración señalada con **P,** expresa una situación probable con el presente del indicativo y el futuro.

MODELO (nosotros) tener más intercambios sociales / haber más respeto y menos discriminación en el mundo
P: *Si tenemos más intercambios sociales, habrá más respeto por todas las culturas.*
H: *Si tuviéramos más intercambios sociales, habría más respeto por todas las culturas.*

1. (nosotros) ser más tolerantes / haber menos odio y discriminación en la sociedad

   H: _____

2. (yo) ganar mucho después de graduarse / poder donar dinero para la protección del medioambiente

   P: _____

3. (tú) continuar conduciendo el coche estando embriagado / tener un accidente pronto

   P: _____

4. el público consumir menos electricidad / nosotros conservar más energía

   H: _____

5. (yo) estar en Chile / intentar hacer investigaciones sobre los derechos humanos allí

   H: _____

6. haber una guerra nuclear / la gente no poder protegerse

   P: _____

WB11-23. Si pudiera mejorar el mundo... Para cada situación hipotética, completa la oración, usando el condicional del verbo entre paréntesis.

1. Si yo tuviera un millón de dólares, (dar)

   _____

2. Si fuera senador(a), (proponer)

   _____

3. Si yo conociera a algunas personas famosas, (pedir)

   _____

4. Si yo pudiera continuar mi educación, (asistir/tomar)

   _____

5. Si yo tuviera más tiempo libre, (vincularse)

   _____

6. Si yo pudiera hablar con una sola persona en el mundo, (hablar)

   _____

Lectura

WB11-24. Domótica para no iniciados

Antes de leer

1. Este artículo trata sobre la domótica. Pero, ¿qué significa «domótica»? Dale un vistazo rápido al artículo y trata de adivinar el significado de ese concepto.

   La domótica es…

   a. una nueva carrera universitaria.

   b. una nueva tecnología para el hogar.

   c. un problema que resulta del uso de aparatos eléctricos.

DOMÓTICA PARA NO INICIADOS

La Universidad Miguel Hernández organiza unas jornadas para dar a conocer la tecnología que permite el control remoto de aparatos y procesos en el hogar

MADRID – La Universidad Miguel Hernández (UMH) acogerá el martes en el campus de Elche (Alicante) unas jornadas de Introducción a la Domótica (automatización de las actividades domésticas), organizadas por el Colegio Oficial de Ingenieros Técnicos de Telecomunicación (COITT), la Escuela Politécnica Superior de Elche (EPSE) y el área de Teoría de la Señal y Comunicaciones de la UMH.

La asistencia a las jornadas, que se desarrollarán en horario en el Aula Magna del edificio Altabix de 9.00 a 14.00 horas y de 15.30 a 18.30, es gratis con inscripción previa.

Según le ha indicado a elmundouniversidad.com Pablo Corral, profesor de Teoría de la Señal y las Comunicaciones en la UMH, «las jornadas son de introducción, es decir, se explicarán conceptos básicos de la domótica y se intentará darles un enfoque al área en el que nos encontramos, donde hay una gran presencia de población extranjera de edad avanzada».

Esta tecnología «está muy desarrollada, por ejemplo, en países como Francia y Alemania», asegura Corral. «Muchas de las personas extranjeras que viven en la zona de Levante vienen de países nórdicos y pasan muchos meses fuera de sus casas, por eso les interesa que parte de las tareas de sus casas estén automatizadas.»

La domótica, que permite controlar de forma remota aparatos conectados a la Red eléctrica, tiene infinidad de usos posibles. Eso sí, «se trata de un tipo de tecnología que se va a utilizar en viviendas de nivel medio y alto por el coste que lleva asociado», dice Corral. «A partir de 1.000 euros, puedes tener sensores de humo, gas y agua para la casa, que permiten detectar escapes o fugas».

En el caso de producirse alguno de esos supuestos, los sensores avisarán al cliente mediante mensajes de telefonía móvil, o a través de Internet.

Múltiples usos

Según el profesor de la Universidad Miguel Hernández, «hay sensores de temperatura exterior e interior que sirven para regular la calefacción y el aire acondicionado, sensores de iluminación, detectores de humedad en el jardín (para viviendas unifamiliares), sensores que detectan un fallo en la energía eléctrica, o la presencia de personas en la casa… y se puede programar el encendido y apagado de cualquier aparato conectado en una red domótica».

Un sensor puede llegar a detectar si han entrado cartas en el buzón, o si ha habido llamadas en el videoportero. «Este tipo de tecnología está muy pensada para gente que vive largo tiempo fuera de su vivienda, de ahí su interés potencial para la población del norte de Europa que vive varios meses en España.»

Desde el punto de vista técnico, explica Pablo Corral, hay actualmente «una lucha internacional de estándares entre las empresas», que intentan implantar su estándar *de facto,* es decir, las especificaciones técnicas que han empleado en sus productos. De momento, añade, «no hay un mismo estándar que haya sido adoptado por toda la industria de la domótica, sino varios protocolos, que varían según la zona: el X-10, el European Installation Bus (EIB), el KNX...»

Presencia en la Universidad

La amplitud de usos que permite la domótica y las diferentes líneas de investigación abiertas han hecho que sea un campo de especialización atrayente, aunque poco implantado en la Universidad.

«Ahora mismo no hay en los planes de estudio de la UMH ninguna asignatura de domótica», dice Juan Capmany. «Sin embargo, sí hay materias que abordan muchos de los aspectos en los que se basa esa disciplina, como la automatización, las comunicaciones, la electrónica...».

Hasta ahora, de la UMH ha salido un proyecto empresarial, puesto en marcha por antiguos alumnos, cuya actividad consiste en la instalación de equipamiento domótico en urbanizaciones.

Por su parte, la Universidad Politécnica de Madrid cuenta con un Centro de Domótica Integral que impartirá, a partir de octubre, un Máster de la especialidad. En este centro interfacultativo colaboran la Escuelas Técnicas Superiores de Ingenieros de Telecomunicación, Ingenieros Industriales y Arquitectura, así como la Facultad de Informática.

Source: http://www.elmundo.es/universidad/2005/02/28/tecnologia/1109620334.html

A leer

2. **¿Cierto o falso?** Indica si las siguientes oraciones corresponden (**C**) o no (**F**) con la información del artículo:

_____ a. La domótica está más desarrollada en el sur de Europa.

_____ b. Existen varias facultades de domótica en España.

_____ c. La domótica permite controlar diferentes electrodomésticos a distancia.

_____ d. El entretenimiento es el aspecto más popular de la domótica.

_____ e. La domótica es muy barata y está al alcance de todos.

_____ f. Los organizadores del evento son ingenieros.

_____ g. El evento durará cinco horas.

3. ¿Por qué están los extranjeros (alemanes, ingleses, etc.) interesados en la domótica?

_____

4. ¿Qué sistemas de comunicación se usan en la domótica?

_____

5. Menciona tres aplicaciones prácticas de la domótica en un hogar.

_____

6. ¿Cuál es uno de los problemas más grandes que enfrenta la domótica hoy en día?

_____

7. **Vocabulario.** Según el contexto, ¿qué significan las siguientes frases o palabras?
   a. Domótica para **no iniciados**
      i. experts
      ii. novices
      iii. interested

b. ...donde hay una gran presencia de población extranjera de **edad avanzada.**
    i. old
    ii. young
    iii. adolescent

c. Esta tecnología «está muy **desarrollada,** por ejemplo, en países como Francia y Alemania»,
    i. desired
    ii. designed
    iii. developed

Después de leer

8. **Aplicaciones** ¿Qué aplicaciones prácticas podría tener la domótica para los estudiantes universitarios? Presenta algunas ideas y conjeturas (tres o cuatro frases solamente).

_____

_____

_____

_____

_____

_____

Autoexamen

Vocabulario

WB11-25. Los sueños Selecciona la palabra o frase que mejor complete la oración.

_____ 1. Para alcanzar nuestras metas, es importante....
a. tener constancia.   b. tener miedo.   c. tener un sueño.

_____ 2. Muchas veces, los... sirven para motivarnos a trabajar más.
a. metas   b. suertes   c. desafíos

_____ 3. Por lo general, las personas que tienen grandes sueños... grandes cosas.
a. paciencia   b. logran   c. tienen éxito

_____ 4. Cuando las cosas se ponen difíciles, hay que...
a. tener miedo.   b. tener paciencia.   c. tener logros.

_____ 5. Desde joven, Bill Clinton... ser presidente de los EE.UU. y, por fin, lo logró en 1992.
a. soñaba con   b. tenía éxito   c. hacía realidad

WB11-26. ¿Cuál es diferente? Para cada grupo de palabras, identifica el elemento que no corresponda y explica por qué es diferente.

1. conectar / pulsar / digitar / oprimir

_____

2. encender / programar / desconectar / apagar

_____

3. enchufar / desconectar / conectar / encender

_____

4. insertar / pulsar / digitar / desenchufar

_____

5. apagado / encendido / no funciona / rápido

_____

WB11-27. La situación del mundo Completa el párrafo con las palabras más apropiadas de la siguiente lista.

respeto   odio   violencia   guerras   tolerancia   hambre

Uno de los problemas más grandes de este momento es la falta de (1) _____. Es por esto que hay

(2) _____ y conflictos en el mundo. Si todos aprendiéramos a aceptar y a celebrar nuestras diferencias, no habría necesidad de recurrir a la (3) _____ para interactuar con aquéllos que creen o

piensan cosas diferentes. El (4) _____ mutuo es la clave de la paz. Si no aprendemos esta lección,

vamos a permitir que el (5) _____ y la intolerancia sigan dominando nuestro mundo.

Funciones y estructuras

WB11-28. Los verbos Escribe la forma correcta del verbo entre paréntesis según el contexto. Escoge entre varios tiempos (presente, imperfecto, pretérito, futuro, condicional) y modos (indicativo, subjuntivo) verbales.

1. Si tú _____ (estudiar) más, sacarías mejores notas.

2. ¿_____ (poder) Ud. escribirme una carta de recomendación?

3. Si no programamos correctamente la videograbadora, nosotros nos _____ (perder) el partido entre EE.UU. y Chile.

4. Me _____ (gustar) llegar a ser maestro en el futuro si pudiera especializarme en la enseñanza de niños.

5. Si nosotros _____ (ir) a Chile, deberíamos quedarnos en Santiago más de una semana.

6. El jefe comprará un aparato de fax para que la secretaria le _____ (enviar) unos documentos cuando él esté en Valparaíso.

7. Si yo _____ (ser) tú, desconectaría la computadora antes de salir de vacaciones.

8. El presidente duda que _____ (declarar) la guerra.

9. ¿Todavía no _____ (funcionar) la alarma? Pues, _____ (oprimir) Ud. el botón grande que dice «Prender».

10. Yo _____ (hacer) más viajes a las montañas si me prestaras el coche.

11. La secretaria _____ (comprar) una cafetera automática para que no tuviéramos que bajar a la tienda durante los descansos.

12. Si Uds. _____ (invertir) más dinero en propiedades y en la bolsa de valores, no tendrán problemas económicos en el futuro.

WB11-29. Preguntas Contesta las siguientes preguntas con oraciones completas.

1. ¿Qué harás para asegurarte de que alcanzas tus metas?

   _____

2. ¿Adónde irías en tus próximas vacaciones y por qué?

   _____

3. ¿Qué electrodoméstico es importante tener en una casa del siglo XXI?

   _____

4. ¿De qué cosa te alegraste mucho en los últimos meses?

   _____

5. ¿Qué harías si no fueras estudiante de esta universidad?

   _____

Cultura

WB11-30. Datos sobre Chile Usa tu conocimiento cultural sobre los EE.UU. y Chile para leer los datos sobre Chile y luego identificar las respuestas más adecuadas.

_____ 1. La Declaración de la Independencia de Chile se promulgó en 1818.
   a. Eso fue antes de la de EE.UU.
   b. Eso fue después de la de EE.UU.

_____ 2. Durante el siglo XIX, el país se vio involucrado en numerosas guerras territoriales contra los países vecinos.
   a. Los EE.UU. también tuvieron guerras territoriales con sus vecinos en el siglo XIX.
   b. Los EE.UU. nunca han tenido guerras territoriales con sus vecinos.

_____ 3. En 1970, Chile eligió por voto popular a Salvador Allende, un líder del partido marxista.
   a. EE.UU. también ha tenido varios presidentes marxistas.
   b. Chile fue el primer país que eligió un presidente marxista por voto popular.

_____ 4. La economía de Chile es una de las más fuertes y estables de toda Sudamérica, con un ingreso per cápita de 12.500 dólares.
   a. En EE.UU., el ingreso per cápita es más alto que el de Chile.
   b. En EE.UU., el ingreso per cápita es más bajo que el de Chile.

_____ 5. Chile es un miembro activo del Tratado de Libre Comercio (TLC).
   a. EE.UU. también es un miembro de este tratado de libre comercio.
   b. EE.UU. piensa formar parte de este tratado en el futuro.

Capítulo **12** La herencia hispana

Tema 1 Historia de la presencia hispana en los Estados Unidos

Funciones y estructuras: Talking about the past with the preterite, the imperfect, and the present perfect (Review)

WB12-1. Hechos de la historia Forma una oración lógica con la forma correcta del pretérito del verbo entre paréntesis.

> **MODELO**   Los españoles *llegaron* (llegar) por primera vez a Norteamérica en 1568.

1. El 12 de octubre de 1492, Cristóbal Colón y sus hombres _____ (desembarcar) en las Américas.

2. En 1846, México y EE.UU. _____ (comenzar) a luchar por Texas y _____ (terminar) firmando el Tratado de Guadalupe en 1848.

3. Después de la guerra de 1898, España _____ (tener) que ceder la isla de Puerto Rico a EE.UU.

4. EE.UU. les _____ (dar) a los puertorriqueños la ciudadanía estadounidense en 1917.

5. En 1961, EE.UU. _____ (romper) relaciones políticas con Cuba.

6. Durante los años sesenta, César Chávez _____ (fundar) el sindicato United Farm Workers, el cual luego _____ (mejorar) las condiciones de trabajo para muchos de los trabajadores chicanos.

7. Henry Cisneros _____ (ser) el primer alcalde hispano de San Antonio; asumió su mandato en 1981.

8. Oscar Hijuelos, autor cubanoamericano, _____ (ganar) el premio Pulitzer de ficción en 1990.

WB12-2. ¿Cómo era la vida? Completa los siguientes párrafos con la forma correcta del imperfecto del verbo entre paréntesis.

Nací en Guadalajara en 1921. Mi familia _____ (ser) bastante pobre; mi padre _____ (trabajar) de zapatero y mi madre _____ (cuidar) a los hijos. La situación económica de mi familia _____ (ir) empeorando día tras día.

Mi tío y su familia _____ (haber) inmigrado a Tucson, Arizona, durante la revolución, y por fin mis padres decidieron hacerlo también en 1925. Mi padre consiguió trabajo en una zapatería, pero todavía él no _____ (ganar) lo suficiente, así que mi madre buscó y por fin encontró trabajo de cocinera en una escuela. Poco a poco, la vida _____ (mejorar). Después de un tiempo, mis hermanos y yo pudimos asistir a la escuela y aprendimos inglés. Mis padres _____ (querer) lo mejor para nosotros; ellos _____ (trabajar) mucho y _____ (ahorrar) dinero.

_____ (ser) una vida alegre la que nosotros _____ (tener) en Tucson:

_____ (haber) muchos parientes que _____ (vivir) cerca de la ciudad y nosotros

_____ (juntarse) frecuentemente para las celebraciones. La familia _____ (valorar) el

mantener nuestra cultura mexicana, así que nosotros _____ (celebrar) no sólo los días feriados de

los EE.UU., sino también de México.

Yo _____ (tener) 19 años cuando mis padres por fin compraron la zapatería. _____

(servir) como enfermera durante la Segunda Guerra Mundial cuando conocí a mi esposo Daniel. Nos

casamos en 1947 y hemos vivido aquí en Tucson desde entonces.

WB12-3. En el nuevo país Lee esta narración y complétala con el imperfecto o el pretérito del verbo entre
paréntesis, según el contexto.

Antes, nosotros _____ (vivir) en Santiago de Chile. Mis padres _____ (tener)

buenos puestos en la universidad. Sin embargo, ellos _____ (querer) mudarse a los EE.UU. para

seguir sus estudios y por fin _____ (recibir) la carta de aceptación de una universidad en Illinois.

Nosotros _____ (mudarse) en junio de 1995, cuando yo _____ (tener) ocho años.

Al principio, nosotros no _____ (conocer) a mucha gente y no _____ (ir) a muchas

partes; _____ (alquilar) un apartamento pequeño cerca del campus y cerca de las tiendas donde

(nosotros) _____ (poder) hacer todas las compras.

Un día, mi padre _____ (regresar) al apartamento y _____ (venir) a mi dormitorio.

«Ven acá», me _____ (decir). Yo _____ (bajar) con él y allí, en la calle,

_____ (haber) un Toyota del año 85. ¡Mi padre lo había comprado esa mañana! Esa noche, mi

familia y yo _____ (ir) de compras por primera vez en coche.

_____ (ser) las ocho o nueve de la noche cuando nosotros _____ (conducir) a un

gran almacén al otro lado de la ciudad. _____ (llegar) y _____ (entrar). Mis padres

_____ (querer) comprar unas cosas para la cocina, pero a mí sólo me _____ (intere-

sar) los juguetes. No sé lo que _____ (pasar), ¡pero yo _____ (perderse)! Yo

_____ (buscar) por todas partes, pero no _____ (poder) encontrar a mis padres.

_____ (empezar) a llorar y _____ (salir) corriendo del almacén hasta llegar al coche.

Yo _____ (ir) a entrar cuando unas jóvenes me _____ (ver). Ellas se me

_____ (acercar) y me _____ (preguntar): «What's the matter? Are you lost?» Pues ellas

_____ (hablar) en inglés y yo no las _____ (comprender).

Entonces, una me _____ (preguntar): «¿Estás perdido?» ¡Yo _____ (dejar) de llorar

inmediatamente! Le _____ (decir) que sí y _____ (comenzar) a contarle todo, pero

ella me _____ (detener). Ella _____ (hablar) un minuto con su amiga y luego me

dijo: «Ven conmigo.» Mientras nosotros _____ (caminar) hacia la entrada, mis padres

_____ (salir) desesperados del almacén. Nos _____ (ver) y _____ (correr) hacia nosotros. ¡Qué encuentro más emocionante! Pues _____ (resultar) que Karen e Irene, las jóvenes, _____ (ser) estudiantes de la universidad y Karen _____ (estudiar) español. Las dos _____ (llegar) a ser buenas amigas de mi familia: con frecuencia _____ (cenar) con nosotros y nos _____ (ayudar) a conocer mejor la ciudad. Yo _____ (aprender) mucho inglés de Irene y ella _____ (aprender) algo de español también.

WB12-4. Su influencia Describe la influencia que han tenido algunos hispanos en los EE.UU., usando la forma correcta del pretérito perfecto del verbo apropiado de la lista.

> MODELO   tener → Ricky Martin y Gloria Estefan son dos cantantes hispanos que *han tenido* mucho éxito, no sólo por sus canciones en español, sino también por sus canciones en inglés.

abrir   aumentar   escribir   llegar   ofrecer   poner   ser   servir   dar

1. En muchas de las ciudades grandes de EE.UU., _____ el número de tiendas y servicios dedicados particularmente a los clientes hispanos.

2. La cadena Univisión les _____ a las empresas estadounidenses más oportunidades de dar a conocer sus productos entre la audiencia hispana.

3. Desde la Segunda Guerra Mundial, muchos hispanos _____ en las fuerzas armadas estadounidenses y algunos _____ a los rangos *(ranks)* más altos.

4. Los beisbolistas Alomar (Sandy Sr., Roberto y Sandy Jr.) le _____ mucha fama a su tierra, Puerto Rico.

5. Por su éxito, actores como Edward James Olmos y Rita Moreno _____ las puertas para que más actores hispanos puedan lograr la fama.

6. Varios de los libros que _____ Gabriel García Márquez _____ traducidos al inglés; muchos profesores de literatura _____ sus libros en las listas obligatorias para que sus estudiantes los conozcan y los aprecien.

Escritura

Phrases/Functions: describing people; describing places; talking about past events; sequencing events
Vocabulary: family members, people, house, upbringing, traveling
Grammar: verbs: imperfect; verbs: subjunctive with **como si**

WB12-5. Una biografía Describe las experiencias de una persona que inmigró a los EE.UU. Selecciona a (1) un pariente, al (2) pariente de un(a) amigo(o) o a (3) un(a) hispano(a) famoso(a). (Esta persona puede ser contemporánea o del pasado.) Enfócate en los siguientes puntos:

- cómo era la vida de esta persona en su país natal
- por qué decidió inmigrar a los EE.UU.
- los pasos que siguió para establecerse aquí
- cómo se han beneficiado él/ella, su familia y la ciudad/región donde vive de su decisión de venir a este país

Paso 1: Preparación Escoge a la persona de quien vas a escribir y, si es necesario, entrevístala. Luego, haz una lista de las ideas que quieres incluir para cada uno de los cinco puntos mencionados anteriormente.

Paso 2: El borrador Escribe el borrador de tu resumen usando la información que recopilaste en la sección de **Preparación.** Asegúrate de incluir una buena introducción y una buena conclusión.

Paso 3: Revisión Considera las siguientes preguntas al revisar el borrador.

1. ¿El contenido es apropiado? ¿Crees que es necesario mencionar algo más? ¿Va a tener el/la lector(a) una idea clara de quién es esta persona, de cómo era su vida en su país y de cómo es su vida actualmente?
2. ¿Está bien organizada la descripción? ¿Sería más efectivo cambiar el orden en que presentaste tus ideas? ¿La organización va a contribuir a que el/la lector(a) disfrute de la lectura?
3. ¿Usaste términos que has aprendido en capítulos anteriores? ¿Usaste correctamente el pretérito, el imperfecto de indicativo y el imperfecto de subjuntivo?

Paso 4: La versión final Haz los cambios necesarios de acuerdo con las respuestas a las preguntas anteriores y añade las ideas nuevas que te vengan a la mente. Antes de entregarle una copia de tu descripción al / a la profesor(a), asegúrate de que no haya errores ortográficos.

Tema 2 Abriendo caminos

Funciones y estructuras: Giving commands, advice and opinions (Review)

WB12-6. Consejos Acabas de conocer a una nueva estudiante hispana en tu universidad y quieres darle unos consejos para tener éxito como estudiante. Escribe la forma correcta de los verbos entre paréntesis. **¡OJO!** No todas las oraciones requieren el uso del subjuntivo.

MODELO   Para conocer a más gente, te recomiendo que *vivas* (vivir) en la residencia estudiantil.

1. Es importante que _____ (ir) a todas las clases y que les _____ (prestar) atención a los profesores.

2. Ojalá que _____ (salir) de vez en cuando para relajarte.

3. Es necesario _____ (organizar) bien el horario para no olvidarse de las fechas y los proyectos importantes.

4. Si tienes problemas en algún curso y quieres salir bien, es bueno _____ (hablar) con el/la profesor(a) durante sus horas de consulta.

5. Los profesores prefieren que los estudiantes sólo _____ (tomar) un máximo de cinco a siete clases por semestre.

6. La universidad prohíbe que nosotros _____ (graduarse) sin pagar las cuentas de la universidad, por ejemplo, las multas de estacionamiento, las de la biblioteca, etc.

7. No es buena idea que _____ (estudiar) hasta el amanecer del día del examen.

8. Debes _____ (cuidarse) y comer bien para no enfermarte.

WB12-7. Reacciones de los famosos Completa las oraciones lógicamente seleccionando la frase más apropiada y escribiéndola en el subjuntivo o el indicativo, según el contexto.

MODELO   El actor admite que tiene novia, pero niega que *ella vaya a tener un hijo.*

criticar sus ideas controvertidas   **no quedar muchas copias en las librerías**
tener problemas con sus hijos   **ser muy talentosos y populares**
estar ganando esta temporada   **saber cocinar muy bien**
querer informar a la gente sobre la   **a muchos padres gustarles su música**
situación económica

1. En cuanto a su próximo concierto en Honduras, la cantante duda que

   _____.

2. A la escritora no le gusta que sus lectores

   _____.

3. Este libro es tan entretenido que

   _____.

4. Los directores de la película necesitan actores y actrices que

   _____.

5. Mucha gente no cree que los políticos

   _____.

6. Es obvio que la anfitriona

   _____.

7. En el programa de hoy, tenemos dos familias que

   _____.

8. Los futbolistas están alegres porque

   _____.

WB12-8. Las metas de Cristina Combina los siguientes grupos de elementos para formar cinco oraciones sobre las posibles metas de Cristina Saralegui, la presentadora cubanoamericana de televisión. Añade palabras cuando sea necesario.

MODELO   querer causar impacto /a fin de que / influir de una forma positiva
           Cristina quiere causar un impacto a fin de que su programa influya positivamente en la sociedad hispana.

1. continuar con su programa / con tal de que / tener control

   _____.

2. pensar usar más el Internet / cuando / haber información importante

   _____.

3. no poder dejar / hasta que / estar satisfecho

   _____.

4. no preocuparse del éxito / a fin de que / enfocarse

   _____.

5. deber transmitir su programa / a menos que / volver

   _____.

WB12-9. Las negociaciones Para cada situación da un mandato formal para expresar la misma idea.

MODELO   Todos deben participar en este debate. (incluir)
«Señores, *incluyan* a todos en este debate.»

1. Las negociaciones deben de continuar. (no poner)

«Señora presidenta, _____ en peligro las negociaciones.»

2. El presidente necesita más consejeros bilingües. (aumentar)

«Señor presidente, _____ el número de consejeros bilingües.»

3. Recomendamos que ellos devuelvan parte de la tierra a la gente indígena. (ceder)

«Señores, _____ parte de la tierra a la gente indígena.»

4. Es importante que los ciudadanos sepan la tasa correcta del aumento de inmigración. (decir)

«Señor, _____ la tasa correcta.»

5. Sugerimos que no haya nada de recompensa para ellos en este asunto. (no ofrecer)

«Señora, _____ ninguna recompensa.»

Escritura

Phrases/Functions: asking and giving advice; expressing an opinion
Vocabulary: school, university, religions, cultural periods and movements
Grammar: verbs: imperative; verbs: subjunctive with **que**

WB12-10. Una carta al alcalde Imagínate que tu alcalde es hispano y que le quieres escribir una carta para expresar tu opinión y darle unas sugerencias sobre los siguientes temas:

- el acceso a la educación
- el acceso a los medios de comunicación
- la participación ciudadana en la política
- la fuerza económica

Paso 1: Preparación Prepara una tabla con cuatro columnas, una para cada uno de los temas mencionados arriba. Luego, completa la tabla con las ideas que quieres discutir. Incluye ideas que reflejen tu opinión e ideas que reflejen las cosas que quieres sugerir.

Paso 2: El borrador Escribe el borrador de la carta que le vas a enviar al alcalde con la información de la sección de **Preparación.**

Paso 3: Revisión Considera las siguientes preguntas al revisar el borrador.

1. Contenido: ¿Es apropiado? ¿Debes ser más persuasivo(a)? ¿Faltan detalles?
2. Organización: ¿Está bien organizada la carta? ¿Seguiste el formato de una carta? ¿Debes cambiar el orden de las ideas?
3. Vocabulario y gramática: ¿Usaste términos y expresiones que has aprendido en otros capítulos? ¿Usaste expresiones para dar consejos, opiniones y mandatos de las que se incluyen en este **Tema?** ¿Usaste correctamente el presente de subjuntivo y los mandatos formales?

Paso 4: La versión final Haz los cambios necesarios de acuerdo con las respuestas a las preguntas anteriores y añade las ideas nuevas que te vengan a la mente. Antes de entregarle una copia de la carta a tu profesor(a), asegúrate de que no hay errores de ortografía.

Tema 3 Desafíos

Funciones y estructuras: Indicating probability in the future (future/conditional)-Review

WB12-11. Predicciones para nuestra sociedad Completa las oraciones con la forma correcta del futuro del verbo entre paréntesis y cualquier otra información que sea necesaria.

> **MODELO** Dentro de 20 años, las escuelas primarias… (enseñar)
> *enseñarán todas las clases en español y en inglés.*

1. Pronto, la gente de EE.UU.… (elegir)

   _____

2. El número de inmigrantes legales e ilegales de los países hispanos… (aumentar, concentrarse)

   _____

3. Para lograr mis metas personales, yo… (vivir, trabajar)

   _____

4. Si los distintos grupos raciales continúan viviendo separados,… (haber)

   _____

5. Cuando nuestros hijos asistan a la universidad, las computadoras… (ser)

   _____

6. Después de graduarnos de esta universidad, mis amigos y yo… (participar, invertir)

   _____

7. Con el avance de la tecnología, los profesores de lenguas… (poder)

   _____

WB12-12. Estudiar para mejorarse Completa las siguientes oraciones con la forma correcta del condicional del verbo apropiado de la lista.

> **MODELO** gustar → A mí *me gustaría* que todos tuvieran la oportunidad de estudiar otra lengua.

aprender   comprender   encantar   poder   ser   tener   trabajar

1. Si yo pudiera, _____ tres o cuatro lenguas más.

2. Nosotros _____ más otras culturas si estudiáramos su lengua y su historia.

3. Para formar alumnos más sensibles, los profesores de lenguas _____ sugerir que muchos participaran en un programa de intercambio.

4. Mis amigos y yo _____ en empresas internacionales si eso nos diera la oportunidad de usar y mejorar el español.

5. Para enfatizar la importancia de aprender otras lenguas, la gente _____ que elegir a más representantes bilingües.

6. En EE.UU., si fuera obligatorio el estudio de otra lengua en la escuela primaria, dentro de unos 50 años la mayoría de la gente _____ bilingüe.

7. A nosotros _____ mantenernos en contacto con las culturas hispanas después de graduarnos.

WB12-13. Candidato(a) político(a) Si fueras candidato(a) político(a), ¿qué dirías en las siguientes situaciones? Completa las oraciones. **¡OJO!** Usa el futuro o el condicional según el contexto.

MODELO   Si todos aceptan las diferencias sin juzgar, *eliminaremos los problemas raciales.*
Si hubiera más contacto y comunicación constructiva entre los países, *habría más paz en el mundo.*

1. Si yo fuera presidente,

   _____.

2. Si los ciudadanos de EE.UU. no comprenden la importancia de estudiar otras lenguas,

   _____.

3. Si todos los inmigrantes aprendieran inglés,

   _____.

4. Si no resolvemos el problema de la inmigración,

   _____.

5. Si les ofrecemos educación bilingüe sin costo a todos,

   _____.

6. Si a los pobres no les ayudamos a aprender a vivir en una sociedad más tecnologizada,

   _____.

7. Si tuviéramos más representación en el gobierno de los distintos grupos culturales,

   _____.

8. Si continúa la discriminación en contra de los trabajadores hispanos,

   _____.

9. Si nosotros trabajamos juntos,

   _____.

10. Si hubiera menos violencia y miseria en este país,

   _____.

WB12-14. Mi barrio o mi ciudad Haz tus predicciones en cuanto a cómo serán las cosas en tu barrio o en tu ciudad en el futuro. Escribe un mínimo de ocho oraciones y trata de incorporar los verbos de la lista.

ser   haber   fundar   hacer   lograr   mantener   establecer   traer

_____

_____

_____

_____

_____

_____

_____

_____

WB12-15. La comunidad hispana en los Estados Unidos: ¿qué hay que hacer?

Antes de leer

1. Dale una lectura rápida al artículo acerca de la comunidad hispana en los Estados Unidos y trata de identificar su propósito.
   a. Criticar la situación económica de los hispanos en los Estados Unidos.
   b. Motivar a los hispanos a auto-criticarse, organizarse y crear líderes.
   c. Señalar las ventajas de vivir en los Estados Unidos.

La comunidad hispana en los Estados Unidos: ¿qué hay que hacer?

Hay una verdad indiscutible: el crecimiento demográfico de la comunidad hispana de los Estados Unidos ha avanzado y continúa avanzando a pasos gigantes. Mientras que en 1960 éramos sólo unos millones, de acuerdo con el censo de 2000 ya somos casi cuarenta millones los hispanos que hemos establecido nuestro hogar en este país. Y más importante aún, más de tres millones de nosotros tiene un **poder adquisitivo** *(gross income)* que sobrepasa los 100.000 dólares al año. Estos hechos no sólo revelan la importancia numérica que ha logrado el mundo de habla hispana en los Estados Unidos, sino que nos invita a un proceso de auto-crítica seria y profunda que nos permita evaluar el verdadero valor de nuestra llegada, integración y presencia en este país.

Por un lado, es fácil ver que este crecimiento demográfico conllevará un aumento sustancial en nuestro poder adquisitivo, en nuestra visibilidad y en el papel que tendremos en el desarrollo económico de la nación. Pero no todo queda ahí; tenemos que darnos a la **ardua** *(hard, difficult)* tarea de vernos desde adentro y **enfrentar** *(face)* los siguientes retos:

- Presentarnos como una comunidad unida y solidaria con todos sus miembros.
- Aceptar y celebrar plenamente nuestras costumbres y tradiciones, nuestro idioma y nuestro origen.
- Crear y proyectar una nueva identidad libre de las trampas en las que hemos caído por decidir si somos «latinos» o «hispanos»; no podemos permitir que este discurso nos atrape y nos distraiga de las cosas de vital importancia.
- Fomentar el desarrollo de núcleos hispanos activos y comprometidos que verdaderamente exalten «lo nuestro», grupos de donde **surjan** *(come out)* los líderes que tendrán voz y voto en las decisiones que se toman en los círculos políticos y sociales de los Estados Unidos.
- Forjar un espíritu de lucha no violenta pero eficaz que nos permita dialogar con la cultura dominante de este país.
- Ganarnos y mantener nuestra presencia en el plano local, nacional y mundial para, de este modo, presentar una imagen sólida y saludable de lo que verdaderamente es el mundo hispano.
- **Inmiscuirnos** *(get envolved)* en el servicio social para que nuestros hombres y mujeres del mañana gocen de las oportunidades necesarias para convertirse en ciudadanos útiles, íntegros y con un alto sentido de ética y de compromiso.

Hemos logrado mucho, obviamente, pero la comunidad hispana de los Estados Unidos necesita liderazgo y, como lo hicieron otros grupos étnicos anteriormente, crear su propia imagen y perderle el miedo al *status quo*. Para esto es indispensable tener formación, visión de futuro e identificación con «lo nuestro»; es así como podremos velar por nuestros intereses.

Pero como si fuera poco, el carácter heterogéneo del hispano está cambiando porque el perfil del inmigrante hispano está cambiando. Desde hace unos años están llegando a este país personas proveniente principalmente de Argentina, Colombia y Venezuela, profesionales de la clase media-alta y alta de estos países acostumbrados a tener solvencia económica, a vivir de forma sofisticada y a tener acceso a lo mejore que la cultura pueda ofrecer. La mayoría llega escapando de las crisis políticas y sociales de sus países, van y vienen gracias a la doble residencia y nos **arrojan** *(present us with)* un nuevo desafío: conciliar sus valores, su intelectualidad y sus intereses con los del hispano típico, quien casi siempre ha tenido que lidiar con la marginación y la falta de oportunidades que surge de ésta. El reto no es fácil, especialmente si consideramos que en nuestros países de origen hay muchos que se sienten totalmente alienados por los compatriotas que viven igual que estos nuevos inmigrantes hispanos. Sin embargo, ¡sobran razones para mantener vibrando la lucha y la esperanza!

A leer

2. **Estructura argumentativa.** Reconstruye el orden de los siguientes argumentos presentados en el artículo.

    _____ a. La comunidad hispana debe estar identificada con su idioma, sus costumbres y su origen.

    _____ b. A medida que los hispanos se integren aún más a la sociedad estadounidense, su poder adquisitivo aumentará.

    _____ c. Es necesario conciliar los diversos intereses de los hispanos en este país.

    _____ d. Para ser completamente reconocida, la comunidad hispana debe fomentar el liderazgo.

    _____ e. Los hispanos constituyen el grupo étnico mayoritario en los Estados Unidos.

    _____ f. El origen de los hispanos que están inmigrando a los Estados Unidos está cambiando.

3. **¿Cierto o falso?** Indica si las siguientes oraciones corresponden (**C**) o no (**F**) con la información del artículo.

    _____ a. Hay casi cuarenta millones de hispanos en los Estados Unidos.

    _____ b. Desafortunadamente, los hispanos no tienen un papel importante en la economía de este país.

    _____ c. Según el autor, es necesario continuar el diálogo sobre el uso de los términos «latino» e «hispano».

    _____ d. Podemos deducir que el autor no piensa que la violencia es la solución para los problemas de los hispanos.

    _____ e. Muchos de los hispanos que están llegando a los Estados Unidos pertenecen a la clase media-alta o alta de sus países.

4. **Problemas y soluciones.** Según el artículo, ¿cuáles son algunos de los retos que enfrenta la comunidad hispana? ¿Cuál puede ser la solución?

5. **Interpretación.** Explica la oración final del artículo: «Sin embargo, ¡sobran razones para mantener vibrando la lucha y la esperanza!»

6. **Vocabulario.** Según el contexto, ¿qué significan las siguientes palabras y frases?
    a. «… no podemos permitir que este discurso **nos atrape y nos distraiga** de las cosas de vital importancia.»
        i. trap us and divert our attention
        ii. motivate and inspire us
        iii. indicate and point out to us
    b. «Fomentar el desarrollo de núcleos hispanos activos y comprometidos que verdaderamente **exalten** 'lo nuestro'…»
        i. accept
        ii. deny
        iii. praise

    c. «Para esto es indispensable tener formación, visión de futuro e identificación con 'lo nuestro'; es así como podremos **velar por** nuestros intereses.»

        i. save

        ii. improve

        iii. protect

    d. «... van y vienen gracias a la doble residencia y nos arrojan un nuevo **desafío...**»

        i. increment

        ii. challenge

        iii. vision

    e. «... conciliar sus valores, su intelectualidad y sus intereses con los del hispano típico, quien casi siempre ha tenido que **lidiar** con la marginación y la falta de oportunidades que surge de ésta. »

        i. resist

        ii. deal with

        iii. enjoy

Después de leer

7. **La experiencia de la inmigración.** Según dice el artículo, los hispanos deben formar un buen grupo de líderes y, «como lo hicieron otros grupos étnicos anteriormente, crear su propia imagen y perderle el miedo al *status quo*.» ¿Estás de acuerdo con esta idea? Señala algunas de las cosas que hicieron otros grupos (como los italianos, los alemanes o los irlandeses) para integrarse y asimilarse a la sociedad de los Estados Unidos.

Autoexamen

Funciones y estructuras

WB12-16. Hispanos en los Estados Unidos Completa los siguientes mini-párrafos con la forma correcta de los verbos que se dan. Según el contexto, conjúgalos en los siguientes tiempos verbales: indicativo: pretérito, imperfecto, futuro, condicional; subjuntivo: presente, imperfecto.

conseguir llegar poder

1. Los Hernández _____ a los Estados Unidos en el 1995. Ellos _____ la ciudadanía estadounidense el año pasado, pero todavía no _____ volver a México.

darme ir mandar tener

2. Si _____ el dinero, yo _____ buscar a mi familia a México. Eso cuesta mucho. Es posible que (yo) _____ a visitarlos en unos meses, cuando mi jefe _____ vacaciones.

mudarse ser vivir regresar

3. Cuando _____ niña, (yo) _____ en el Perú. Mi familia _____ a este país hace más de quince años. Yo _____ por primera vez a mi patria el próximo diciembre.

abrir ayudar lograr

4. A sus sesenta años, mi padre _____ muchas cosas: él _____ su propio negocio y _____ a su familia en Colombia por más de cuarenta años.

WB12-17. Preguntas Contesta las siguientes preguntas con oraciones completas.

1. ¿Qué cosa no has hecho que te gustaría hacer?

_____

2. Si fueras más joven, ¿qué cosas harías?

_____

3. Cuando estabas en la escuela secundaria, ¿qué hacías los fines de semana?

_____

4. ¿Qué harás mañana por la noche?

_____

5. ¿A qué cosas les temen tus padres en cuanto a tu futuro?

_____

Cultura

WB12-18. Los hispanos en los Estados Unidos Responde a las siguientes preguntas.

1. Aproximadamente, ¿cuántos hispanos hay en los Estados Unidos?

2. Indica el origen de la mayoría de la población hispana en cada una de las siguientes zonas del país:

   a. Florida _____

   b. California y Texas _____

   c. Nueva York _____

3. ¿Es posible describir a los hispanos como un grupo homogéneo? Explica tu respuesta.

   _____

   _____

   _____

Manual de laboratorio

Capítulo **P** ¡A empezar!

Pronunciación

Pay close attention to and imitate the models provided by your instructor and the native speakers on these CDs. With some work, you will find yourself improving.

CD 1-2

A. El alfabeto *(The alphabet)* Your first step will be to practice the alphabet. In order to pronounce words correctly in Spanish, the alphabet must be mastered.

A	B	C	D	E	F
G	H	I	J	K	L
M	N	Ñ	O	P	Q
R	S	T	U	V	W
X	Y	Z			

CD 1-3

B. Las vocales *(Vowels)* There are five vowel sounds that correspond with the letters of the alphabet: **a, e, i, o, u.** Spanish vowels are always short and tense so that each vowel represents *only one sound.*

1. **La vocal *a*** The sound of the vowel **a** in Spanish is pronounced like the *a* of the English word *father* except that the sound is shorter in Spanish.

LMCP-1. Práctica de pronunciación Listen to and repeat the following words.

nada	fama
mañana	ventana
habla	almohada
tapas	Canadá

Ana toma clases de **a**ntropolog**í**a en un**a** universid**a**d de **Canadá.**

2. **La vocal *o*** The sound of the vowel **o** in Spanish is pronounced like the *o* of the English word *no* except that the sound is much shorter in Spanish.

CD 1-4

LMCP-2. Práctica de pronunciación Listen to and repeat the following words.

como	por
mochila	profesor
nosotros	vaso
año	bolígrafo

Octavi**o** estudia econ**o**mía y fil**o**sofía l**o**s sábad**o**s y l**o**s d**o**ming**o**s c**o**n sus amig**o**s.

3. **La vocal *u*** The sound of the vowel **u** in Spanish is pronounced like the *u* of the English word *blue* except that the sound is much shorter in Spanish.

CD 1-5

LMCP-3. Práctica de pronunciación Listen to and repeat the following words.

cultura	Cuba
tú	mucho gusto
saludo	junio
cuna	música

La literat**u**ra de **Cu**ba y **Uru**g**u**ay es b**ue**na.

4. **La vocal *e*** The sound of the vowel **e** in Spanish is pronounced like the *e* of the English word *bet* except that the sound is much shorter in Spanish.

LMCP-4. Práctica de pronunciación Listen to and repeat the following words.

CD 1-6

tres	nene
ese	mes
viven	febrero
leche	que

Eva **e**s **e**spañola. Ella **e**studia d**e**recho **e** inglés.

5. **La vocal *i*** The sound of the vowel **i** in Spanish is pronounced like the *i* of the English word *machine* except that the sound is much shorter in Spanish.

LMCP-5. Práctica de pronunciación Listen to and repeat the following words.

CD 1-7

sí	difícil
fin	hija
ti	libro
niña	silla

Inés estudia inglés, filosofía y medicina.

LMCP-6. Prueba Write down the words or expressions that you hear. You will hear each item two times.

CD 1-8

1. _____   6. _____
2. _____   7. _____
3. _____   8. _____
4. _____   9. _____
5. _____   10. _____

Dictado

LMCP-7. Información básica You will hear people pronounce their name and spell it out for you. Next, they will give you their phone numbers. Write down all the information on the lines below.

CD 1-9

Nombre	Número de teléfono
1. _____	_____
2. _____	_____
3. _____	_____
4. _____	_____
5. _____	_____

LMCP-8. Saludos y despedidas *(Greetings and good-byes)* You will hear several friendly conversations between two people. Fill in the blanks with the missing words and decide if the conversation is a **saludo** *(a greeting)* or a **despedida** *(a farewell)*.

CD 1-10

Primera conversación:

CRISTINA: Buenas _____, me _____ Cristina.

JIM: Repita, por _____.

CRISTINA: _____ _____, _____ _____ Cristina.

JIM: Mucho _____, Cristina. Yo me llamo Jim.

CRISTINA: _____, Jim.

Esta conversación es: un saludo / una despedida.

Segunda conversación:

SR. BAROJA: Bueno, Sra. Alarcón, es muy tarde... Me voy. _____.

SRA. ALARCÓN: Hasta _____, _____ Baroja.

Esta conversación es: un saludo / una despedida.

Tercera conversación:

MARTA: _____, Ignacio.

IGNACIO: Hola, Marta. ¿_____ te va?

MARTA: _____, ¿y a ti?

IGNACIO: De _____.

MARTA: Chévere.

Esta conversación es: un saludo / una despedida.

LMCP-9. Descripciones You will hear several descriptions. Write down what you hear in the spaces provided.

CD 1-11

1. En la _____ de _____ hay diez _____ y seis _____.

2. Mi especialidad es _____. Tomo clases de _____, _____ y _____.

3. En la clase de _____ hay una _____, dos _____, una _____, treinta _____ y una _____.

4. Muy bien, clase, abran el _____ en la página _____ y saquen un _____ de su _____.

5. En su mochila, Pedro tiene tres libros _____, dos cuadernos _____, tres lápices _____ y un bolígrafo _____.

Comprensión auditiva

LMCP-10. Charlar con amigos You will hear two short conversations. Write the number of the conversation below the picture to which it corresponds. Not all the pictures will be used.

CD 1-12

a. ____

b. ____

c. ____

LMCP-11. Mi vida en los Estados Unidos Here you have a fragment of the transcript of a student telling you about his life. Fill in the blanks with the correct information.

CD 1-13

1. El estudiante se llama _____.

2. Es de _____.

3. Estudia en la _____ en Los Ángeles.

4. Toma clases de _____.

5. Su especialidad es _____.

LMCP-12. No es difícil conocer a la gente You are about to listen to a conversation between two people. Complete the chart below with the necessary information. Pay close attention and you will hear much of the vocabulary and greetings you have been studying.

CD 1-14

	él	ella
Nombre		
Profesión		
Especialidad		

Capítulo 1 Éste soy yo

Pronunciación

A. La letra *c* As you listen to the explanations, repeat each example given for the pronunciation of the letter **c.** At the end of the explanation, complete the exercise that follows.

CD 1-15

1. **ce, ci** The letter **c** followed by the vowel **e** or **i** is pronounced **s** (much like the *s* in *soft, Sam,* or *silk*).

cita	cena
cero	gracias
cereal	circo

Cecilia no **ce**na todos los días.
Las **cien**cias son importantes para el señor **Ce**la.

2. **ca, co, cu** The letter **c** followed by **a, o,** or **u** is pronounced **k** (like the *c* in the English word *cat* or the letter *k* in *kite*).

cama	copa
clase	cuento
cuatro	con

Comemos la **co**mida en **ca**sa **con** **C**arlos y **C**armen.
En **ca**da **co**pa hay **Co**ca-**Co**la.

B. La letra *ch* The letter **c** followed by **h** is pronounced **tch** (much like the *ch* in the English words *chap* or *chalk*).

CD 1-16

champú	choza
chistoso	chica
coche	marchar

El co**ch**e del señor **Ch**ávez es muy **ch**iquito.
Los **ch**icos desean comer **ch**imi**ch**angas.

LM1-1. Prueba You are about to hear 10 words, all containing the letter **c.** Write down each word that you hear. You will hear each word two times.

CD 1-17

1. _____   6. _____
2. _____   7. _____
3. _____   8. _____
4. _____   9. _____
5. _____   10. _____

Dictado

LM1-2. La familia de Enrique Ramírez You are about to listen to Enrique describe his family. For each member of his family, write what he says about them in the space provided.

CD 1-18

1. Mi madre es una _____ de computadoras muy talentosa. Ella _____ progra-

mas y los vende. _____ todos los _____ en casa.

2. Mi padre es _____ en una oficina grande. Él trabaja los _____, los miércoles y los _____. Nunca trabaja ni los sábados ni los _____.

3. Mi hermana mayor, Teresa, es _____. Ella _____ y pinta en Nueva York. Casi siempre organiza _____ y exposiciones de _____ en Greenwich Village.

4. Mi hermano Javier estudia para ser _____ en la universidad. También _____ el fútbol todos los días por la _____. Es un chico muy _____.

5. Mi hermana Susana es _____ también. Ella estudia _____ y ayuda a los _____ de la calle en su tiempo libre. Mi hermana es una chica muy _____.

6. Yo soy _____. Para mi trabajo, _____ mucho a la capital porque _____ a los políticos. Casi nunca hago ejercicio porque mi trabajo es muy _____.

LM1-3. El calendario de la señora Ramírez Enrique's mother, Mrs. Ramírez, has a very busy schedule ahead of her. She will tell you her obligations for each day. Put them in the correct spaces.

CD 1-19

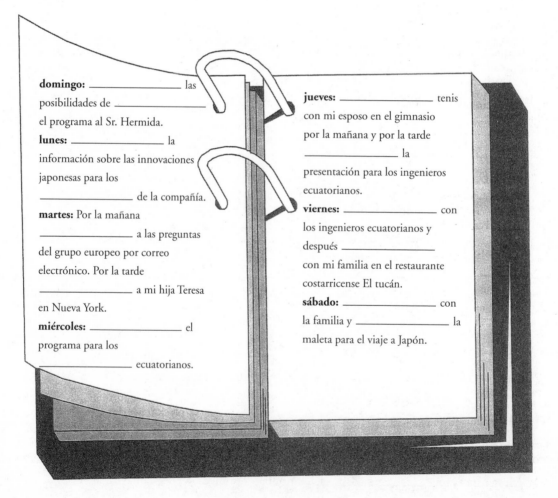

domingo: _____ las posibilidades de _____ el programa al Sr. Hermida.
lunes: _____ la información sobre las innovaciones japonesas para los _____ de la compañía.
martes: Por la mañana _____ a las preguntas del grupo europeo por correo electrónico. Por la tarde _____ a mi hija Teresa en Nueva York.
miércoles: _____ el programa para los _____ ecuatorianos.

jueves: _____ tenis con mi esposo en el gimnasio por la mañana y por la tarde _____ la presentación para los ingenieros ecuatorianos.
viernes: _____ con los ingenieros ecuatorianos y después _____ con mi familia en el restaurante costarricense El tucán.
sábado: _____ con la familia y _____ la maleta para el viaje a Japón.

Comprensión auditiva

LM1-4. Una solicitud Susana is applying to work and study abroad. As she tells you about herself, write down all her pertinent information so her application is complete.

CD 1-20

Apellidos: _____

Nombres: _____

Nacionalidad: _____

Fecha de nacimiento: _____

Ciudad: _____

País: _____

Número de pasaporte: _____

Sexo: M / F

Número de teléfono: _____

Desea vivir: en un apartamento   con una familia   con estudiantes

LM1-5. La vida universitaria Jesús is going to tell you about the house he lives in at the university. Listen to his story and answer the questions.

CD 1-21

Match the profession with the correct person.

_____ 1. Julián

_____ 2. Manolo

_____ 3. Nico

_____ 4. Ramón

a. es programador de computadoras.

b. es profesor.

c. es artista.

d. estudia historia.

Write the letter of the activity in the box under the name of the person who does it.

a. Trabaja en un bar.
b. Habla tres idiomas.
c. Toca en un grupo musical.

d. Organiza fiestas.
e. Diseña programas de computadora.

f. Estudia la Revolución Mexicana.
g. Enseña trabajo social en la universidad.

Julián	Manolo	Nico	Ramón

LM1-6. Una conversación con una candidata You are about to listen to a conversation between Claudia, a candidate for the work-abroad program, and her interviewer for the position. Answer the questions based on what they talk about.

CD 1-22

_____ 1. En un día típico, Claudia no…
    a. estudia.   b. come.   c. mira la tele.

_____ 2. Claudia estudia en…
    a. casa.   b. el café.   c. la biblioteca.

_____ 3. Claudia estudia…
    a. inglés.   b. cálculo.   c. literatura.

_____ 4. La profesora de Claudia…
    a. es estricta.   b. no habla español bien.   c. es muy seria.

_____ 5. El padre de Ana es de…
    a. España.   b. Australia.   c. Canadá.

_____ 6. Los fines de semana, Claudia y sus amigos…
    a. charlan.   b. bailan.   c. ven la tele.

_____ 7. Tim y Bryn son de…
    a. Irlanda.   b. Inglaterra.   c. Australia.

Capítulo 2 En familia

Pronunciación

La consonante *d* As you listen to the explanations, repeat each example given for the pronunciation of the letter **d.** At the end of the explanation, complete the exercise that follows.

1. **Final and intervocalic d** is pronounced much like the *th* in the English word *although.*

universidad	ciudad
medio	hablado
Granada	Madrid

   Estudio en la Universidad de Granada.
   Cada ciudad es importante.

2. At the beginning of a word or after the consonants **n** and **l, d** is pronounced much like the *d* in the English word *dog.*

después	domingo
dos	diente
cuando	caldo

   El doctor no desea nada.
   El domingo es el día que llegan de Andorra.

LM2-1. Práctica de pronunciación Repeat the words after the speaker.

cuñado	nacionalidad
ciudad	dirección
doctor	prometido
delgado	tímido
aburrido	cansado

LM2-2. Prueba Write down the word that you hear. You will hear each word two times.

1. _____   6. _____

2. _____   7. _____

3. _____   8. _____

4. _____   9. _____

5. _____   10. _____

Dictado

LM2-3. La familia Torrico You are about to hear a description of what the Torrico family is doing. Carefully write down each word of the dictation because you will need this information to complete the following extension activity.

1. El Sr. Torrico _____

2. Marco, el hijo, _____

3. Rafael, el hijo, _____

4. Carlota, la hija, _____

Nombre _____ **Fecha** _____

5. La Sra. Torrico _____

6. Mercedes, la hija, _____

Extensión Below you see a house. Based on the dictation you have just completed, write the number of the family member in the room in which he or she is.

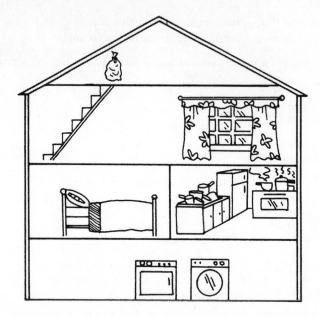

LM2-4. La familia Torrico You will hear several physical descriptions that correspond to the different members of the Torrico family. Carefully write down each description, because after the dictation you will use this information to match the description to a person.

CD 1-27

1. El Sr. Torrico _____.

2. La Sra. Torrico _____.

3. Carlota, la hija, _____.

4. Rafael, el hijo, _____.

5. Marco, el hijo, _____.

6. Mercedes, la hija, _____.

Extensión Here is the Torrico family. Based on the dictation you just completed, write the name of the family member below her or his image.

a. _____ b. _____ c. _____ d. _____ e. _____ f. _____

Comprensión auditiva

LM2-5. Mi tío Mateo y su familia Rafael is going to tell you about his uncle Mateo and his family. Listen to what he has to say and answer the questions based on what you have heard.

CD 1-28

_____ 1. La familia vive…

    a. en las montañas.   b. en la capital.   c. en la costa.

_____ 2. Mateo es…

    a. extrovertido.   b. celoso.   c. inteligente.

_____ 3. Renée es…

    a. nerviosa.   b. baja.   c. de París.

_____ 4. Carmen y Juana son…

    a. estudiantes.   b. artistas.   c. de París.

5. Match the activity to the person who does it.
   a. pinta muebles
   b. escribe libros
   c. es el alma de las fiestas
   d. usa colores originales en su arte
   e. trabaja para una organización que ayuda a los niños sin familias
   f. canta en francés cuando está un poco nerviosa
   g. tiene el pelo teñido de color verde

Mateo	Renée	Juana

LM2-6. Crisis en la casa You will listen to a conversation between Renée and her two daughters, Carmen and Juana. After listening to the conversation, answer the questions.

CD 1-29

Vocabulario importante:

padre _when used as an adjective, slang in México for "cool"_ (**bien padre** _means "really cool"_)
suerte _luck_ (**¡Qué mala suerte!** _What bad luck (you have)!_)

_____ 1. Todo el mundo va a una fiesta en la casa de los abuelos de Sergio.

    a. cierto.   b. falso.

_____ 2. A Juana le gusta…

    a. Tomás Chacón.   b. Sergio.   c. el hermano de Sergio.

_____ 3. Tomás sale con…

    a. Juana.   b. Renée.   c. Conchita.

_____ 4. Conchita…

    a. es egoísta.   b. es aburrida.   c. es muy guapa.

_____ 5. Vicente es…

    a. el novio de Conchita.   b. el novio de Juana.   c. el hermano de Sergio.

LM2-7. En la casa tenemos... Renée is about to describe what they have in each room of their house. Write down the names of the items they have in each room.

CD 1-30

la sala

el comedor

la cocina

la recámara de las chicas

la recámara de los padres

LM2-8. Marcos el perezoso Marcos has a few problems with his wife. You will hear a conversation between Marcos and his therapist, Dr. Prado. After listening to the conversation, answer the questions below.

1. A Marcos no le gusta hacer los quehaceres de la casa.
   a. cierto   b. falso

2. La esposa de Marcos piensa que él es _____.

3. Para Marcos, los quehaceres son _____.

4. Put each item in the correct category.
   a. sacar la basura
   b. comer
   c. lavar los platos
   d. escuchar rock-n-roll
   e. hacer la cama
   f. mirar la televisión
   g. limpiar

A Marcos le gusta...	A Marcos no le gusta...

5. La solución para Marcos es escuchar música mientras ayuda con los quehaceres de su casa.
   a. cierto   b. falso

Capítulo **3** ¿Dónde y cuándo?

Pronunciación

CD 1-32

La consonante *g* As you listen to the explanations, repeat each example given for the pronunciation of the letter **g**. At the end of the explanation, there is pronunciation practice and a quiz.

1. **ge, gi** The letter **g** followed by the vowels **e** or **i** is pronounced like the English *h* in *home* or *hen*.

   geología   gigantesco
   ingeniería   Argentina
   inteligente ingenioso

   Los ingeniosos ingenieros argentinos estudian geología.
   Jorge es inteligente y generoso.

2. **ga, go, gu** The letter **g** followed by **a, o,** or **u** is pronounced like the English *g* in *go* or *gate*.

   Gómez   algodón
   gato   Góngora
   Guatemala   gorra

   El gato de la señora Gómez es delgado.
   Las gorras de algodón de Guatemala son muy bonitas.

3. **gu + e, gu + i** The letters **gu** followed by **e** or **i** are also pronounced like the English *g* in *go* or *gate*. In these combinations, the letter **u** is silent.

   guitarra   Miguel
   guerra   reguero
   guía   guiso

   Los guisos de Miguel son exquisitos.
   A Gustavo le gusta la guitarra.

4. **gü + e, gü + i** When the letters **gü** are followed by **e** or **i**, the letter **u** *does* sound. (Notice the use of the two dots over the **u** to indicate that this vowel is not silent. They are called **diéresis**.)

   güiro   agüita
   güero   Mayagüez

   Ella compró el güiro *(a musical instrument)* en Mayagüez.
   El primo de Águeda es güero *(blonde in Mexico)*.

CD 1-33

LM3-1. Práctica de pronunciación Repeat the words following the model.

   gordo   garra   gente   geometría   gitano
   algodón   gasolina   Miguel   escoger   guía

CD 1-34

LM3-2. Prueba Write down the words that you hear. You will hear each word two times.

1. _____   6. _____

2. _____   7. _____

3. _____   8. _____

4. _____   9. _____

5. _____   10. _____

Dictado

LM3-3. Dictado tradicional Write down what you hear in the spaces provided below.

CD 1-35

1. _____.

2. _____.

3. _____.

4. _____.

5. _____.

6. _____.

7. _____.

8. _____.

LM3-4. ¿Adónde tiene que ir? Six friends need to go to six different places. Carefully complete each statement that you hear. You will hear each sentence twice. When you are finished, you will use what you have written for the next exercise.

CD 1-36

1. MARIO: Son las once de la noche, no tengo _____ y voy a _____ con mis amigos.

2. ASUNCIÓN: Me gustaría una _____ doble con _____ privado y vista al mar.

3. GABRIELA: Mi madre está muy _____ y necesita _____.

4. MARTINA: Mis padres y yo vamos a _____ para Madrid a las _____ de la mañana.

5. CECILIA: Tengo que preparar una _____ sobre la autora Julia de Burgos, pero no tengo nada de _____.

6. PACO: Necesito _____ de _____.

Extensión Based on what you have written, write where each person needs to go. Choose your answers from the list. Not all options will be used.

**el hotel   el cajero automático   el aeropuerto   el banco
la biblioteca   la estación de policía   el semáforo   la farmacía**

1. Mario: _____.

2. Asunción: _____.

3. Gabriela: _____.

4. Martina: _____.

5. Cecilia: _____.

6. Paco: _____.

Comprensión auditiva

LM3-5. ¿Dónde viven en la ciudad? You will hear a group of people describe where they live. Write the person's number on the map in the exact location where he or she lives.

CD 1-37

1. Mario
2. Asunción
3. Gabriela

4. Martina
5. Cecilia
6. Paco

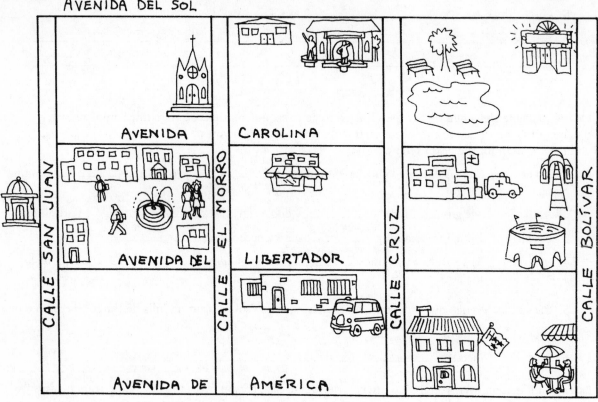

LM3-6. ¿Qué debo hacer? Listen to the story and then answer the questions.

CD 1-38 **Vocabulario útil:**

cumpleaños *birthday*
excepciones *exemptions*
Luis Palés Matos *famous Puerto Rican poet of the twentieth century*

obligación familiar *family responsibility*
poesía *poetry*
poeta *poet*
ya *already*

1. Mañana es el cumpleaños del _____ de la narradora.

2. Ella quiere comprar un _____ para él.

3. La librería se cierra a las _____.

4. No es posible comprar el regalo porque ella tiene que _____ en el museo.

5. El gerente del museo es _____.

LM3-7. En grupo con los amigos Listen to the following conversation among several friends and then answer the questions below.

Paso 1: Match the activity with the person.

_____ 1. Martina…   a. tiene que comprar una medicina.

_____ 2. Gabriela…   b. va a pasar dos semanas en Madrid.

_____ 3. Cecilia…   c. van a un concierto en la plaza.

_____ 4. Todos los amigos…   d. tienen que estudiar para un examen.

                                               e. quiere comprar un disco compacto.

Paso 2: The group of friends is going to many different places. Arrange the places they are going to in order.

1. _____   a. la plaza

2. _____   b. el banco

3. _____   c. la tienda de música

4. _____   d. la farmacia

LM3-8. En la tienda de música Cecilia is in the music store. Listen to the conversation and then answer the questions.

Vocabulario útil:

canción *song*
concierto *concert*
me encanta la música *music delights me (conjugated like the verb* **gustar,** **encantar** *follows the same grammatical rules and indicates a much stronger degree of feeling)*
resistir *to resist*
vuelvo *first person singular of* **volver** *(to return)*

1. ¿Qué quiere comprar Cecilia?

_____

2. ¿Qué formas de pago aceptan en la tienda?

_____

3. ¿Adónde tiene que ir Cecilia para poder pagar?

_____

4. ¿Cuánto cuesta el disco compacto?

_____

5. ¿A qué hora es el concierto?

_____

Capítulo 4 Preferencias y prioridades

Pronunciación

CD 2-2

Las consonantes _ll, y_ y _ñ_ As you listen to the explanations, repeat each example given for the pronunciation of the letters **ll, y,** and **ñ.** At the end of the explanation, there is some pronunciation practice and a quiz.

1. **ll** Although the pronunciation of double **ll** and **y** varies greatly in the Spanish-speaking world, when followed by a vowel these letters are often pronounced like the English _y_ in _youth_ or _yellow._

Sevilla	collar
llueve	pollo
Castilla	galleta
ya	playa
cayendo	leyendo

   ¡OJO! Remember that the conjunction **y** _(and)_ is pronounced like the letters _ea_ in _eat._

   Hace sol **y** un poco de viento.
   En el verano me gusta nadar **y** correr.

2. **ñ** The Spanish letter **ñ** represents a sound similar to the _ny_ in the word _canyon._

mañana	señor
baño	año
niña	castaño

CD 2-3

LM4-1. Prueba: _l_ vs. _ll_ Write the letter of the Spanish alphabet (either **l** or **ll**) that you hear to complete the word. You will hear each word twice.

1. __amar
2. amari__o
3. __ima
4. Bi__bao

5. sanda__ias
6. Va__ado__id
7. Ma__orca
8. Va__encia

LM4-2. Prueba: _n_ vs. _ñ_ Write the letter of the Spanish alphabet (either **n** or **ñ**) that you hear to complete the word. You will hear each word twice.

CD 2-4

1. __avarra
2. A__dalucía
3. __evar
4. __ieva

5. __i__o
6. Espa__a
7. __u__ca
8. Catalu__a

Dictado

CD 2-5

LM4-3. La previsión del tiempo Write down what you hear in the spaces provided below.

1. En el Sur, en la ciudad de Granada, _____ con una temperatura _____ de 38 grados centígrados.

2. En la provincia de Castilla–La Mancha y en la capital, Madrid, _____ y mucho _____ con una temperatura máxima de 32 grados centígrados.

3. En la costa mediterránea, en Barcelona, _____ pero hace calor con una _____ máxima de 37 grados centígrados.

4. En la capital de la provincia de Galicia, Santiago, _____ y _____ con una temperatura máxima de 17 grados centígrados.

LM4-4. La moda de los jóvenes Five friends are wearing distinct styles of clothing. Carefully write down each statement that you hear. You will hear each statement twice. When you are finished, you will use what you have written for the next two exercises.

CD 2-6

1. Nacho _____ .

2. Concha _____ .

3. Javier _____ .

4. Ana _____ .

5. Ricardo _____ .

Extensión A Based on what they are wearing, decide what each person will most likely do. Choose your answers from the list. Not all options will be used.

ir al cine   ir a clase   practicar la natación   jugar al béisbol   trabajar   acostarse

Nacho _____ .

Concha _____ .

Javier _____ .

Ana _____ .

Ricardo _____ .

Extensión B Based on what you have written, match the name of each person to his or her picture below.

a. _____   b. _____   c. _____   d. _____   e. _____

Comprensión auditiva

LM4-5. Un día típico de Francisca Francisca is about to tell you about a typical day. Listen to what she has to say and then complete the activity below.

CD 2-7

Vocabulario útil:

guay *Spanish slang for "cool"*
junto *together*
sobremesa *staying at the table after a meal and socializing: very common in Spain and other regions of the Spanish-speaking world.*

¿Qué hace Francisca? Choosing your answers from the list, complete the chart that indicates when Francisca does each activity.

tener sobremesa   salir con amigos   hacer aeróbicos   comer el almuerzo   asistir a clases   desayunar

Por la mañana	Por la tarde	Por la noche

LM4-6. Galicia: una provincia que no se olvida de sus raíces Listen to the story and then answer the questions.

CD 2-8

Vocabulario útil:

gallego *Galician (used to denote a person from this region of Spain and the language spoken there)*
gastronomía *gastronomy, food*
ilimitadas *unlimited*
pescadores *fishermen*
ubicación *location*

1. ¿Cuántos idiomas se hablan en Galicia?

   _____

2. ¿Cómo es el clima de Galicia?

   _____

3. ¿Qué comen los gallegos?

   _____

4. ¿Cuál es la comida más popular de Galicia?

   _____

LM4-7. Una dieta muy especial Paqui and her friend Andrés are talking about diets. Listen to their conversation and then answer the questions.

CD 2-9

Vocabulario útil:

conejo _rabbit_
jolín _expression of amazement commonly used in Spain_
vida _life_

1. Un plato famoso del restaurante es _____ .

2. Paqui está a dieta para _____ .

3. Andrés piensa que la dieta vegetariana _____ .

4. _____ contienen mucha proteína y casi nada de grasa.

5. Las legumbres y las frutas sirven para combatir _____ .

6. Andrés prefiere comer _____ .

LM4-8. Con el camarero Paqui and her friend Andrés are going to order their food from the waiter. Pictured below are several different kinds of food and drinks. Write the name of the person to whom each item corresponds. Not all items pictured are mentioned in the conversation.

CD 2-10

Vocabulario útil:

pesado _literally means "heavy" but in Spanish slang it is equivalent to "get on one's nerves"_

¡OJO! Only indicate the dishes that Paqui and Andrés finally end up getting.

a. _____   b. _____   c. _____   d. _____

e. _____   f. _____   g. _____   h. _____   i. _____

Capítulo 5 Mi pasado

Pronunciación

CD 2-11

Las consonantes *r* y *rr* As you listen to the explanations, repeat each example given for the pronunciation of the letters **r** and **rr.** At the end of the explanation, there is some pronunciation practice and a quiz.

1. **r** The consonant **r** is pronounced with a flap, much like the double *tt* or *dd* in the English words *kitty, putty,* and *ladder.*

   perder   crema
   pero   llorar
   naranja   Granada

   Jairo declara su amor a Graciela.
   Camino sobre la arena.

2. **rr** The double **r** or **erre** is pronounced with a strong vibration or trill.

   guerra   ferrocarril
   burrito   guerrilla
   guitarra arroz

   Javier Serrano come un burrito con arroz.
   La guerra es terrible.

   The letter **r** in an initial position is also pronounced **rr.**

   rápido   Ricardo
   república robo
   romance   Rodrigo

   Ramón es rico y refinado.
   Rebeca recuerda a Rodrigo.

CD 2-12

LM5-1. Práctica de pronunciación Repeat the words following the model.

gordo   rico
comer   ahora
reír   Argentina
Rioja   correr
parque   zorro

LM5-2. Prueba Write down the words that you hear. You will hear each word two times.

CD 2-13

1. _____   6. _____
2. _____   7. _____
3. _____   8. _____
4. _____   9. _____
5. _____   10. _____

Dictado

LM5-3. Dictado You will hear the details of some of the special events in the life of Mr. Rosales. Listen carefully and write down what you hear in the spaces provided below.

CD 2-14

1. _____.

2. _____.

3. _____.

4. _____.

5. _____.

LM5-4. El álbum de fotos Mrs. Rosales is looking at a photo album with her sister and remembering some family events. Listen to what she says and match each description with the pictures below.

CD 2-15

Vocabulario útil:

linda *feminine of* **lindo,** *pretty, cute*
lloraste *preterite of* **llorar,** *to cry*
sonrisa *smile*
sospeché *preterite of* **sospechar,** *to be suspicious*

a. _____

b. _____

c. _____

d. _____

e. _____

Comprensión auditiva

LM5-5. El viaje de los Rosales Listen to what the Rosales did to get ready for their trip to Ecuador. Write the order in which the following events took place.

CD 2-16

Vocabulario útil:

solicitaron *preterite of* **solicitar** *(false cognate), to apply (for something)*

_____ a. Abordaron el avión.

_____ b. Compraron los cheques de viajero y los boletos.

_____ c. Entregaron su tarjeta de embarque.

_____ d. Tomaron un taxi a la terminal internacional.

_____ e. Solicitaron sus pasaportes.

LM5-6. Un pequeño incidente Listen to the narration of a minor mishap that Mr. Rosales had while on his anniversary trip. Then complete the following statements.

CD 2-17

1. El Sr. Rosales _____ y _____ el brazo derecho.

2. El médico le tomó una radiografía del brazo y también del _____, del _____ y de la _____.

3. El incidente _____ mucho a la Sra. Rosales y le causó un intenso _____.

4. Ahora el Sr. Rosales está en terapia física y tiene que hacer ejercicios todos los días para fortalecer los _____ y las _____.

LM5-7. Recordando el pasado Listen to a conversation Mrs. Rosales had with Mr. López, a co-worker, and then complete the sentences below.

CD 2-18

Vocabulario útil:

apurado *in a hurry*
dele mis saludos *say hi for me*
felicítela de mi parte *congratulate her on my behalf*
nos casamos *preterite of* **casarse,** *to get married*
quinceañera *fifteenth birthday celebration for young girls*

1. ¿Se ven *(see each other)* frecuentemente la Sra. Rosales y el Sr. López?

   _____

2. ¿A qué evento va el Sr. López esta tarde?

   _____

3. ¿Cuánto tiempo hace que Susanita cumplió quince años?

   _____

4. ¿Cuánto tiempo hace que el Sr. López se graduó de la escuela secundaria?

   _____

5. ¿Cuántos años de matrimonio tienen los Rosales?

   _____

6. ¿Qué hizo el Sr. Carlos Rosales ayer?

   _____

LM5-8. Las Islas Galápagos After the conversation with Mrs. Rosales, Mr. López is looking for information about the Galapagos Islands because he wants to visit them in the summer. Listen to the audio component of a website he found on the Internet and then complete the sentences below.

CD 2-19

Vocabulario útil:

aislamiento *isolation*
conviven *from* **convivir,** *to coexist*
pesca *fishing*
tierra *land*
yate *yacht*

1. Las Islas Galápagos están en el Océano _____.

2. En total hay _____ islas. Tres de las islas son _____, _____ y _____.

3. A _____ les interesa estudiar la evolución de las especies y su diversificación en las Islas Galápagos.

4. Charles Darwin visitó estas islas en el año _____.

5. Según esta información, estar en las Islas Galápagos es como estar en un mundo _____ _____.

Capítulo **6** Recuerdos

Pronunciación

CD 2-20

Las consonantes *h* y *j* As you listen to the explanations, repeat each example given for the pronunciation of the letters **h** and **j.** At the end of the explanation, there is some pronunciation practice and a quiz.

1. **h** The letter **h** is always silent.

   ahora   hoy
   búho   cacahuete
   exhibir   hamburguesa

   Hoy comí **h**uevos y una **h**amburguesa.
   El **h**ombre se rompió el **h**ueso del **h**ombro.

   The only exception to this rule is the **ch** combination.

   chico   **ch**ina

   Listen to the difference when the **h** is combined in a sentence with **ch.**

   El **ch**ico encendió el **h**orno en el restaurante **ch**ino.

2. **j** The letter **j** is pronounced much like the *h* in English words such as *hotel* and *hot.*

   jamón   jardín
   naranja   jabón
   pájaro   jugo

   Juan **J**osé **j**uega con el **j**abón.
   Julio y **j**unio son meses.

CD 2-21

LM6-1. Práctica de pronunciación Repeat the words, following the model.

   jefe   homenaje
   Holanda   Jerusalén
   Josefina   Haití
   hispano   granja
   horno   joven

CD 2-22

LM6-2. Prueba Write down the words that you hear. You will hear each word two times.

1. _____   6. _____

2. _____   7. _____

3. _____   8. _____

4. _____   9. _____

5. _____   10. _____

Dictado

CD 2-23

LM6-3. Dictado Write down what you hear in the spaces provided below.

1. _____
2. _____
3. _____
4. _____
5. _____
6. _____

Extensión Based on what you have written, match each statement with an image below.

a. _____

b. _____

c. _____

d. _____

e. _____

f. _____

Comprensión auditiva

LM6-4. Las vacaciones en el campo Ana recently spent her vacation with her family. Listen to the conversation and then answer the questions below.

CD 2-24

Vocabulario útil:

desventajas *disadvantages* **me imagino** *from* **imaginarse**, *to imagine*
extensa *extensive* **relajante** *relaxing*
inolvidable *unforgettable* **se asustó** *from* **asustarse**, *to become afraid*
maduro *mature* **ventajas** *advantages*

1. ¿Dónde pasó las vacaciones Ana?

_____

2. ¿Qué tipo de animales tiene su primo?

_____

3. ¿Cuántas veces montaron a caballo?

_____

4. ¿Por qué se asustó el hijo de Ana?

_____

5. ¿En qué se diferencia la vida en el campo de la de la ciudad?

_____

6. ¿Qué prefiere Ana, vivir en el campo o vivir en la ciudad?

_____

LM6-5. Cuando yo era joven... Listen to the story and then complete the following sentences.

CD 2-25

Vocabulario útil:

calidad *quality*
mantenimiento *maintenance*
mejorar *to improve*
recomendable *advisable*
sentido de comunidad *sense of community*

1. Cuando era joven, vivía en _____.

2. La _____ juvenil era un problema para vivir en la zona.

3. Todos los días _____ al colegio.

4. Dos veces al año, los ciudadanos _____ la basura y _____ el parque.

5. Choosing your answers from the list, decide where each statement belongs.
   a. delincuencia juvenil
   b. un sentido de comunidad
   c. los ciudadanos limpian las calles
   d. mucho tráfico
   e. el costo de vida es más alto

En el sur de la ciudad	En el norte de la ciudad

LM6-6. Mi abuelo y yo Mariana lives in the city. Listen to her story and match each letter to a number to form a correct statement.

CD 2-26

Vocabulario útil:

gozo de *from* **gozar de**, *to enjoy*
pozo *well*
salario *salary*

____ 1. En la finca, por la mañana, el abuelo…

____ 2. Por la tarde, el abuelo…

____ 3. La cosecha consistía en…

____ 4. Ahora Mariana vive en…

____ 5. Lo que tiene Mariana que no
tenía su abuelo es…

a. todos los servicios públicos—como la electricidad, el gas, el alcantarillado y el teléfono.

b. se dedicaba a la producción agrícola.

c. atendía a los animales.

d. una variedad de verduras y frutas como la patata, el maíz, la lechuga y la piña.

e. el centro de San José, la capital.

LM6-7. La conservación del medioambiente. Listen to the story and decide if the following statements are true **(cierto)** or false **(falso)**. Change all information in a false statement to make it true.

CD 2-27

Vocabulario útil:

limitada *limited*
medida *a measure (as in measure of protection)*
quedan intactos *remain intact*
recuperar *to recover*
ser explotados *to be exploited*

____ 1. En muchos países de Latinoamérica ya no quedan intactos los recursos naturales.

____ 2. Cada día se extinguen especies de flora y fauna.

____ 3. En Costa Rica, nadie controla el número de personas que visitan los parques.

____ 4. El 15% del territorio de Costa Rica es parque nacional.

Capítulo 7 Cambios

Pronunciación

CD 3-2

Las consonantes *b* y *v* Mientras escuchas las explicaciones, repite los ejemplos de las consonantes **b** y **v.** Cuando acabes con las explicaciones, toma la prueba.

In Spanish there is no difference between the pronunciation of **b** and **v.** However, the pronunciation of both consonants is affected by their position in the word or phrase.

At the beginning of an isolated word, a phrase, or a sentence, and after **m** or **n,** both **b** and **v** are pronounced like the *b* in the English word *back.*

nombre	vuelve
bodega	vuelo
Bogotá	bola

¡Qué **b**ien que **V**icente y **B**árbara **v**ienen a la fiesta!
Volví del **b**anco en **b**us.

The pronunciation of **b** and **v** is much softer in all other positions (like the *b* in the English word *cabin*).

novio	recibo
Cuba	inmobiliaria
ubicación	acabar

Me aca**b**an de dar el reci**b**o.
Reci**b**imos una carta de La Ha**b**ana.

CD 3-3

LM7-1. Prueba Escribe en el espacio la palabra que oyes. Vas a oír cada palabra dos veces.

1. _____   6. _____

2. _____   7. _____

3. _____   8. _____

4. _____   9. _____

5. _____   10. _____

Dictado

CD 3-4

LM7-2. Dictado Escribe lo que oyes en los espacios en blanco *(blanks).*

1. Carolina _____ el _____ con la _____.

2. David _____ los _____ de _____.

3. Guillermo _____ el _____ en casa.

4. Natasha _____ el _____ en los _____.

Extensión Basándote en lo que tienes escrito, escribe el número de la oración que corresponde a la imagen.

___   ___   ___   ___

LM7-3. Dictado Escribe lo que oyes en los espacios en blanco.

1. _____ _____ la falta de _____ en los _____.

2. Los _____ de _____ para la _____ están en el _____.

3. El _____ de su _____ _____ es _____ dólares.

4. _____ hace _____ un _____ de la _____ que acabo de

   hacer.

5. Tenemos los _____ _____ nuestra casa. Ahora _____

   _____ comprar una _____.

6. Van a _____ el _____ en la _____.

Extensión Basándote en lo que tienes escrito, escoge el contexto más lógico para cada oración.

1. _____   a. el banco

2. _____   b. la inmobiliaria

3. _____   c. la compañía de mudanza

4. _____

5. _____

6. _____

Comprensión auditiva

LM7-4. La vieja patria Escucha la conversación y contesta las preguntas.

Vocabulario útil:

quedarse *to stay*

___ 1. Graciela visitó...
   a. la capital de Cuba.
   b. la República Dominicana.
   c. Miami.

    ____ 2. Graciela y su esposo se mudaron hace...
        a. 12 años.
        b. 5 años.
        c. 15 años.

    ____ 3. Se mudaron a Miami porque no querían...
        a. vivir en México.
        b. criar a sus hijos bajo el régimen de Castro.
        c. tener una hipoteca.

    ____ 4. Otra razón para mudarse fue...
        a. la familia en Miami.
        b. la universidad.
        c. la situación económica en Cuba.

LM7-5. La mudanza Escucha la conversación entre la cliente y el recepcionista. Escribe la información necesaria en los espacios en blanco.

CD 3-7

Rapimudanza

Su compañía de mudanzas

Nombre del cliente: _____

Fecha de la mudanza: _____

Hora de la mudanza: _____

Domicilio actual: _____

Domicilio adonde se muda: _____

Cosas que necesita para la mudanza: _____

Número de empacadores: _____

Forma de pago: _____

CD 3-8

LM7-6. Sucesos durante la mudanza Escribe el número de la oración que corresponde a cada dibujo.

_____   _____   _____   _____

CD 3-9

LM7-7. La vida de Ignacio Ignacio nos cuenta su vida. Escucha su historia y contesta las preguntas.

Vocabulario útil:

distanciado *distanced*
ritmo *rhythm*
seguridad *security*

1. Ignacio vivía en Cuba hace _____.

2. Lo mejor de vivir en Cuba era _____.

3. Él acaba de _____.

4. En cuanto a su vida profesional, ahora _____.

5. Según Ignacio, la gente en los EE.UU. es más _____.

Capítulo **8** A trabajar

Pronunciación

CD 3-10

Las consonantes *s, z* y *c* Mientras escuchas las explicaciones, repite los ejemplos de las consonantes **s, z** y **c.** Cuando acabes con las explicaciones, toma la prueba.

1. In Latin America there is no distinction in the pronunciation of **c** (before **i** or **e**), **s,** or **z.**

   cena   seis
   taza   cinco
   solicitud   correspondencia

   En casa de los Cabeza, la **c**ena **s**e **s**irve a la**s s**eis.

2. In Spain, however, **c** (before **i** or **e**) and **z** are pronounced like the English *th* in *broth*.

   cien   francés
   Zamora   gracias
   hacer   ofrecer

   Gra**c**ias por los **z**apatos, **C**ecilia.
   Comimos **c**ereal para la **c**ena.

CD 3-11

LM8-1. Prueba Escribe en el espacio la palabra que oyes. Vas a oír cada palabra dos veces.

1. _____   6. _____
2. _____   7. _____
3. _____   8. _____
4. _____   9. _____
5. _____   10. _____

Dictado

CD 3-12

LM8-2. Dictado: La computadora Escribe lo que oyes.

____ 1. _____
____ 2. _____
____ 3. _____
____ 4. _____
____ 5. _____

Extensión Quieres imprimir un documento que tienes en disco. Escribe un número a la izquierda de cada oración para indicar el orden lógico.

LM8-3. Dictado: Las cualidades de los empleados Escribe lo que oyes en los espacios en blanco.

CD 3-13

1. Susana nunca _____ en _____ _____.

2. Pedro _____ bien su _____.

3. Nico _____ _____ a cualquier _____.

4. Mar se _____ _____.

Extensión Basándote en lo que tienes escrito, escoge una palabra para describir a cada empleado(a).

extrovertido(a)   dedicado(a)   honesto(a)   organizado(a)   flexible

1. Susana es una empleada _____.

2. Pedro es un empleado _____.

3. Nico es un empleado _____.

4. Mar es una empleada _____.

Comprensión auditiva

LM8-4. Evaluación de los empleados La señora Paredes es ejecutiva *(executive)* en la compañía Compuservicios. Está evaluando el desempeño de un empleado. Escucha lo que dice y llena el formulario con la información necesaria.

CD 3-14

Vocabulario útil:

aspectos sociales *social aspects*
faltar a *to be absent from* (**faltó al trabajo** *he was absent from work*)

Compuservicios	
Nombre del empleado	
Puesto	
Tiempo con la compañía	
Puntualidad	
Aspectos positivos de su desempeño	
Aspectos en los que necesita mejorar	
Recomendaciones	

LM8-5. La consultora de imagen *(image consultant)* Marta Borja tiene una cita con una consultora de imagen. Escucha la conversación y haz la actividad.

CD 3-15

Vocabulario útil:

antiguo *ancient*
por causa de *because of*
vestimenta *wardrobe*

Indica si las oraciones son ciertas (**C**) o falsas (**F**). Corrige la información en las oraciones falsas.

1. ____ a. Marta tiene un título en traducción de MIT.

_____

____ b. Marta ha tenido mucha suerte para encontrar un puesto.

_____

____ c. Marta piensa que no ha conseguido un puesto por la manera en que se presenta.

_____

____ d. Según la consultora, la buena presencia es muy importante.

_____

____ e. Van a cambiar el estilo de la hoja de vida de Marta.

_____

2. Escribe una lista de los imperativos formales que oíste.

_____   _____

_____   _____

_____   _____

_____   _____

LM8-6. Buscando un nuevo empleado El señor Hurtado y la señora Paredes son los dos ejecutivos encargados de buscar al nuevo empleado de Compuservicios. Escucha la conversación y contesta las preguntas.

CD 3-16

Vocabulario útil:

como es de esperar *as one would expect*
tienes razón *from* **tener razón,** *to be right*

1. ¿De qué universidad tiene título Marta?

_____

2. ¿Qué experiencia laboral tiene Marta?

_____

3. Según las cartas de recomendación, ¿cómo es Marta?

_____

4. ¿Qué se necesita para este puesto?

_____

5. ¿Qué piensan los señores de la hoja de vida de Marta?

_____

6. ¿Qué van a hacer ellos?

_____

LM8-7. El recado telefónico Eres el/la compañero(a) de cuarto *(roommate)* de Marta. Llegas a casa y escuchas un mensaje que le dejaron en el contestador *(answering machine)*. Escríbele la información importante en los espacios provistos.

CD 3-17

Día: _____

Hora: _____

Para: _____

Llamó: _____

Número telefónico: _____

Sobre: _____

Nombre _____   Fecha _____

Capítulo 9 Acuerdos y desacuerdos

Pronunciación

CD 3-18

Las consonantes *p, t* y *k* Mientras escuchas las explicaciones, repite los ejemplos de las consonantes **p, t,** and **k.** Cuando acabes con las explicaciones, toma la prueba.

1. Unlike English, the consonants **p, t** y **k** are not aspirated (pronounced with a push of air). As a test, put your hand, palm forward, in front of your mouth as you repeat after the native speaker. You should not feel any puff of air when you pronounce the consonants **p, t** y **k.**

2. The pronunciation of **p** is similar to the *p* in the English word *puppet*.

   papá   patata
   por   tapas

   Papá sirve unas **t**apas de **p**atatas.
   Por favor, **p**asa el **p**lato.

3. The pronunciation of **t** is similar to the *t* in the English word *stop*.

   todos   tomar
   tío   Toledo

   Todos **t**omaron café en la **t**erraza.
   Mi **t**ío vive en **T**oledo.

4. The consonant **k** is used in very few Spanish words and is never aspirated. The consonant **c** before the vowels **a, o,** or **u** is similar to the *k* in the English word *poker*.

   kilo   karate
   cada   Córdoba
   consejo   cuento

   Carmen pesa 63 **k**ilos.
   Te a**c**onsejo que **c**omas.

CD 3-19

LM9-1. Prueba Escribe en el espacio la palabra que oyes. Vas a oír cada palabra dos veces.

1. _____   6. _____
2. _____   7. _____
3. _____   8. _____
4. _____   9. _____
5. _____   10. _____

Dictado

CD 3-20

LM9-2. Dictado Escribe lo que oyes en los espacios en blanco.

1. _____ _____ _____ _____ _____ con tus amigos.

2. _____ _____ _____ a los amigos en los tiempos difíciles.

3. _____ _____ _____ _____ a tus amigos ni de vez en cuando.

4. _____ _____ _____ _____ _____ por tus amigos.

5. _____ _____ _____ _____ los buenos y los malos tiempos con ellos.

Extensión Basándote en lo que tienes escrito, decide si cada oración es un buen consejo (**B**) o un mal consejo (**M**).

1. _____ 2. _____ 3. _____

4. _____ 5. _____

LM9-3. Dictado: En familia Escribe lo que oyes en los espacios en blanco.

1. _____ _____ _____ _____ el coche esta noche para salir con mis compañeros de clase.

2. _____ _____ _____ _____ tu cuarto antes de salir.

3. _____ _____ _____ bien en tu examen de biología.

4. _____ _____ _____ ir al concierto este viernes.

5. _____ _____ _____ _____ con mis amigos esta noche.

Extensión Basándote en lo que tienes escrito, decide si la oración suele asociarse con los hijos (**H**) o con los padres (**P**) de familia.

1. _____ 2. _____ 3. _____

4. _____ 5. _____

Comprensión auditiva

LM9-4. Los anuncios personales Vas a escuchar dos anuncios personales de un servicio telefónico para personas que quieren conocer a otra gente. Escucha lo que dicen y haz la actividad.

Vocabulario útil:

culto *cultured, as in a "cultured person"*

_____ 1. Lucinda no...
a. está casada.   b. está divorciada.   c. es segura de sí misma.

_____ 2. Lucinda busca un hombre que...
a. sea agresivo.   b. nunca hable.   c. la escuche.

_____ 3. Manolo es...
a. atractivo.   b. pobre.   c. ignorante.

_____ 4. Manolo busca una mujer que...
a. sea una persona seria.   b. se ría fácilmente.   c. se disguste con frecuencia.

LM9-5. Consejos para el comienzo del año Estudiar en la universidad puede ser una experiencia inolvidable. Vas a escuchar unos consejos que nos ayudan a adaptarnos a nuevas situaciones. Escúchalos y haz la actividad.

CD 3-23

Vocabulario útil:

incómodo *uncomfortable*

¿Cuáles son los consejos para una persona...

1. tímida? Es necesario…

_____

2. agresiva? Es mejor…

_____

3. nerviosa? Es importante…

_____

4. cerrada? Es preciso…

_____

LM9-6. Querida Martina «Querida Martina» es un programa de radio en el que se resuelven problemas personales. Escucha la conversación y contesta las preguntas.

CD 3-24

Vocabulario útil:

comportamiento *behavior*
lo más pronto posible *as soon as possible*
raíz *lit. root, as in "root of one's problems"*
últimamente *lately*

_____ 1. Daniel...
   a. es accesible.
   b. se enoja con los demás.
   c. ayuda mucho a los demás.

_____ 2. Los amigos de Gustavo sugieren que él...
   a. no se ofenda con Daniel.
   b. deje el trabajo.
   c. le informe al gerente sobre el comportamiento de Daniel.

_____ 3. ¿Cuál puede ser la causa del comportamiento de Daniel?
   a. Es viudo.
   b. Está casado.
   c. Está divorciado.

_____ 4. Martina sugiere que...
   a. Gustavo hable con Daniel lo más pronto posible.
   b. Gustavo hable con el gerente.
   c. el gerente despida a Daniel.

_____ 5. Según Martina, Daniel tiene problemas porque...
   a. es desconsiderado.
   b. se siente herido y frustrado.
   c. no es buen amigo.

_____ 6. Según Martina, es importante que Daniel...

      a. encuentre otro trabajo.

      b. tome unas vacaciones.

      c. sepa que Gustavo es su amigo y que pueda contar con él.

LM9-7. Una riña entre novios Lucinda y Manolo se están peleando. Escucha lo que dicen y haz la actividad.

CD 3-25 **Vocabulario útil:**

gustos *likes, preferences*
mi vida *lit. "my life", an affectionate term used among people in love*
tomar en cuenta *to take into consideration*

_____ 1. Lucinda está frustrada porque...

      a. no hacen nada.

      b. hacen siempre lo que Manolo quiere hacer.

      c. salen todos los días.

_____ 2. Según Lucinda, Manolo...

      a. come demasiado.

      b. se ofende mucho.

      c. no toma en cuenta sus necesidades.

_____ 3. Lucinda quiere que...

      a. Manolo le pregunte adónde quiere ir.

      b. Manolo le dé flores.

      c. cocine más.

_____ 4. Al final de la conversación, la pareja...

      a. termina su relación.

      b. llega a un acuerdo.

      c. se casa.

Capítulo **10** ¿Qué quieres hacer?

Pronunciación

CD 4-2

Los diptongos Mientras escuchas las explicaciones, repite los ejemplos. Al terminar, toma la prueba.

1. Vowels in Spanish are either strong (**a, e,** and **o**) or weak (**i** or **y** and **u**). A *diphthong* is a combination of two vowels that are pronounced in the same syllable.

   agua   baile
   juego   veinte

   Bebí ag**ua** en el b**ai**le.

2. When two weak vowels are together, they form a diphthong.

   ciudad   cuidado
   viuda

   Ten c**ui**dado en la c**iu**dad.

3. When two strong vowels are together, they are pronounced as separate syllables.

   vean   desean
   caos

   V**ea**n el c**ao**s que causa la guerra.

4. Final vowels are never diphthongized.

   tengo   bebo
   fiesta

   N**o** tom**o** jug**o** por la mañan**a.**

CD 4-3

LM10-1. Prueba Escribe la palabra que oyes. Vas a oír cada palabra dos veces.

1. _____   6. _____
2. _____   7. _____
3. _____   8. _____
4. _____   9. _____
5. _____   10. _____

Dictado

CD 4-4

LM10-2. Consejos de una madre Las madres dan buenos consejos. Escribe lo que oyes.

1. _____ las _____ _____.
2. _____ _____ _____ antes de montar en bicicleta.
3. No _____ _____ de las _____.
4. _____ las _____.

Extensión Basándote en lo que tienes escrito, escoge la parte del cuerpo que se protege con el equipo mencionado en la oración.

- a. la cabeza
- b. la espalda
- c. las rodillas
- d. los codos
- e. los ojos
- f. las manos

1. _____ 2. _____ 3. _____ 4. _____

LM10-3. Tú eres el/la doctor(a) Escribe lo que oyes.

1. _____ _____ mucho la _____.

2. Me _____ de la _____ y no _____ mover las _____.

3. _____ dos _____ sin _____.

4. Me _____ la _____ con un cuchillo.

5. Me _____ el _____.

Extensión Basándote en lo que tienes escrito, escoge una recomendación para cada paciente.

- a. ponerse un yeso
- b. bajar de peso
- c. tomar aspirina
- d. ponerse una curita
- e. tomar un descanso
- f. sacar una radiografía
- g. recibir una inyección

1. _____ 2. _____ 3. _____

4. _____ 5. _____

Comprensión auditiva

LM10-4. Un anuncio Vas a escuchar un anuncio de radio. Contesta las preguntas que siguen.

Vocabulario útil:

envejecimiento *aging*
inscríbase *from* **inscribirse,** *to sign up for; to join*
régimen *regimen*

_____ 1. ¿Para qué tipo de negocio es el anuncio?
  a. para un concurso   b. para una exposición   c. para un gimnasio

_____ 2. ¿Qué tipo de actividad puedes hacer allí?
  a. la escalada libre   b. estiramiento   c. conducir

_____ 3. Según el anuncio, ¿cómo puedes mejorar tu salud allí?
  a. bajar de peso   b. dejar de fumar   c. evitar la gripe

LM10-5. El artista aspirante Gustavo es un joven que aspira a ser artista. Escucha lo que dice y completa las oraciones que siguen.

Vocabulario útil:

críticos *critics*
fracaso *failure*
sobrevivir *to survive*

1. Gustavo empezará su carrera profesional después de que _____.

2. Gustavo podrá sobrevivir como artista con tal de que _____.

3. Gustavo dará una exposición cuando _____.

4. Gustavo hará la exposición en la capital para que _____.

LM10-6. En la oficina con la doctora La doctora Rodrigo está hablando de sus pacientes con su asistente Joaquín. Escucha la conversación y completa el formulario.

CD 4-8

Nombre del paciente	Síntomas	Recomendaciones
Señor Moreno		
Señora Campos		
Señora Puente		
Señor Cruz		

LM10-7. Un mensaje para ti Mañana vas de vacaciones con un amigo muy aventurero. Uds. van a pasar unos días practicando varios deportes. Escucha el mensaje y escribe una lista del equipo que vas a necesitar en el viaje.

CD 4-9

Día	Actividad	Equipo necesario

Capítulo 11 Mirando hacia el futuro

Pronunciación

El encadenamiento de palabras Mientras escuchas las explicaciones, repite los ejemplos. Al terminar, toma la prueba.

CD 4-10

In Spanish, the boundaries between words are hard to determine in normal speech. To facilitate your comprehension and improve your pronunciation, keep in mind the following principles.

- Final consonants are linked with the initial vowel of the next word.
  Muchos amigos compraron sus antologías de literatura en la librería.
- Two identical vowels back to back are pronounced as one.
  Ana hace la tarea.
  Toma agua.
- Two identical consonants back to back are pronounced as a lengthened one.
  Muchos supervisores supieron la verdad después de la reunión.

LM11-1. Prueba Escribe lo que oyes. Vas a oír cada oración dos veces.

CD 4-11

1. _____

2. _____

3. _____

4. _____

5. _____

Dictado

LM11-2. Dictado Escribe lo que oyes.

CD 4-12

1. Si _____ _____ mucho dinero, _____ muchos _____ .

2. Si _____ _____ rica, _____ el _____ para la educación

   de mis _____ .

3. Si no _____ _____ , _____ con mis _____ .

4. _____ en unas empresas si _____ más _____ .

5. Si _____ muchos dulces, _____ _____ .

Extensión Basándote en lo que tienes escrito, decide si asociarías la oración con un niño (**N**) o con un adulto (**A**).

1. _____ 2. _____ 3. _____

4. _____ 5. _____

LM11-3. Dictado Escribe lo que oyes en los espacios en blanco.

CD 4-13

1. Si _____ a los _____, _____ _____ a ti.

2. Si no _____ la _____, _____ cambiar muchas _____.

3. El _____ _____ mejor si no _____ tanto.

4. Si _____ _____ y _____, _____ hacer _____ todos tus sueños.

Comprensión auditiva

LM11-4. En la oficina Lorena y Marco son compañeros de oficina. Indica si las siguientes oraciones son ciertas (**C**) o falsas (**F**). Cambia la información de las oraciones falsas para hacerlas ciertas.

CD 4-14

Vocabulario útil:

virus *virus*

____ 1. Lorena le dijo que desconectara el teléfono.

_____

____ 2. La computadora tiene un virus.

_____

____ 3. Lorena tiene que preparar un informe para Juan.

_____

____ 4. La computadora de Juan tiene todos los programas nuevos.

_____

____ 5. Lorena va a usar la computadora del señor Galíndez.

_____

LM11-5. Los sueños de dos jóvenes Juan y Ana hablan de sus sueños. Escucha la conversación y haz la actividad.

CD 4-15

Vocabulario útil:

informado *informed*
oficio *job, role, function*
papel *in this case, the "role" as in "the role one plays in something"*

____ 1. Juan viviría...
    a. en el campo.
    b. en Santiago.
    c. en la selva.

____ 2. Juan quiere...
    a. luchar contra la miseria.
    b. ayudar con el hambre.
    c. proteger las especies en vía de extinción.

____ 3. Juan haría investigaciones para que la sociedad...
    a. estuviera mejor informada.
    b. tuviera más científicos.
    c. fuera más tolerante.

_____ 4. Ana lucharía...

    a. por los derechos humanos.

    b. contra la guerra.

    c. por el respeto.

_____ 5. En su trabajo, Ana...

    a. les daría de comer a los niños.

    b. le informaría al público sobre las violaciones de los derechos humanos.

    c. protegería el medioambiente.

LM11-6. ¿Recuerdas cuando eras niño(a)? Marcelo y Gabriela están hablando de cuando eran niños. Escucha la conversación y completa las oraciones.

CD 4-16

Vocabulario útil:

muñeca *doll*
niñez *childhood*
osito *teddy bear*
peluche *stuffed animal*

1. Gabriela quería que su madre _____ todos los días.

2. Marcelo quería que su madre _____ todos los días.

3. A Marcelo no le gustaba que su madre _____.

4. Marcelo odiaba que sus hermanos _____.

5. A Gabriela no le gustaba que sus hermanos _____.

6. Gabriela quería que sus hermanos _____.

LM11-7. Si pudiera... La Sra. Nieves nos dice qué haría si fuera más joven y no tuviera tantas responsabilidades. Escucha lo que dice y contesta las preguntas.

CD 4-17

1. Si pudiera, ¿adónde se mudaría?

_____

_____

2. Si tuviera paciencia y constancia, ¿qué podría lograr?

_____

_____

3. ¿Qué es lo peor que puede pasar en una sociedad?

_____

_____

4. ¿Con qué tipo de organización se vincularía?

_____

_____

Capítulo 12 La herencia hispana

Pronunciación

CD 4-18

Recapitulación: La entonación Mientras escuchas las explicaciones, repite los ejemplos.

1. Intonation is the defining sound or "music" of a language and is the result of the rising or falling of the pitch and of the stress placed on different syllables and words.

2. In Spanish, stress is normally placed on the next-to-the-last syllable of a word unless there is an accent to indicate otherwise. Infinitives are stressed on the last syllable. Articles, most one-syllable words, and exclamations are not stressed.

Escucha la conversación. Presta atención a la entonación.

—**Allí** es**tá** el mer**ca**do cen**tral, Ama**lia.

—Huy, es bien **gran**de, **tía. Va**mos a en**trar.**

—Se **ven**den vege**ta**les y **fru**tas en **es**ta **par**te.

—¡Dios **mío**! ¡Tam**bién** hay **ro**pa y apa**ra**tos e**léc**tricos!

—**Sí, ven**go a**quí to**dos los **sá**bados por la ma**ña**na.

—**Siem**pre me **gus**ta **ir** de com**pras con**tigo, **tía.**

Vuelve a la conversación y repite cada oración.

3. Simply by raising the intonation at the end of a sentence, you can turn it into a yes/no question.

   Statement: Susana estudia español.

   Question: ¿Susana estudia español?

4. Remember that intonation falls when the question begins with an interrogative word.

   ¿Dónde está el carro?

   ¿Quién llamó hoy?

Dictado

CD 4-19

LM12-1. La familia trotamundos (*globetrotter*) La familia Pérez es una verdadera trotamundos. Los Pérez siempre hablan de sus numerosos viajes por el mundo. Escribe lo que oyes en los espacios en blanco.

1. Si yo _____ más tiempo, _____ a _____.

2. El sitio más _____ que _____ fue las ruinas de _____

   _____.

3. El _____ que viene _____ a _____.

4. Nuestro _____ Gabriel _____ la _____ en _____.

5. Las _____ de San _____ _____ preciosas.

6. Si _____, _____ a _____ _____ otra vez.

7. _____ _____ me _____ mucho.

8. Los niños _____ _____ en las calles de _____.

Extensión En cada oración has escrito el nombre de una ciudad. Ahora, escribe el nombre del país en que se sitúa.

1. _____   5. _____

2. _____   6. _____

3. _____   7. _____

4. _____   8. _____

Comprensión auditiva

LM12-2. Otra historia Escucha el monólogo y haz la siguiente actividad. Escoge la respuesta correcta.

CD 4-20 **Vocabulario útil:**

ceder *to hand over, to give up*
colonias *colonies*
fundar *to found*
petrolera *of or pertaining to oil, petroleum*

_____ 1. Los españoles fundaron muchas ciudades, entre ellas Santa Fe, San Diego y El Paso,...
   a. después de la guerra entre los Estados Unidos y México.
   b. antes de que los Estados Unidos se independizaran de Inglaterra.
   c. en el estado de California.

_____ 2. Como consecuencia..., México tuvo que ceder casi la mitad de su territorio nacional.
   a. del descubrimiento de oro en California
   b. de un error burocrático
   c. de la guerra entre México y los Estados Unidos

_____ 3. La guerra entre México y los Estados Unidos ocurrió en...
   a. 1776.
   b. 1946.
   c. 1846.

_____ 4. Estados tales como... antes eran parte de México.
   a. California, Texas, Arizona y Nuevo México
   b. Michigan y Louisiana
   c. Washington, Oregon y California

LM12-3. Más que un atleta, un hombre muy especial: Roberto Clemente Escucha el monólogo y completa las oraciones.

CD 4-21 **Vocabulario útil:**

es recordado *is remembered*
huella *mark*
Ligas Mayores *Major Leagues*
Salón de la Fama *Hall of Fame*
se estrelló *from* **estrellarse,** *to crash*
terremoto *earthquake*

_____ 1. Roberto Clemente era...
   a. de Cuba.
   b. de la República Dominicana.
   c. de Puerto Rico.

_____ 2. Roberto Clemente es recordado por...
   a. ser beisbolista.
   b. sus esfuerzos humanitarios.
   c. ser beisbolista y por sus esfuerzos humanitarios.

_____ 3. Roberto Clemente jugó durante los años...
   a. 40 y 50.
   b. 50 y 60.
   c. 30 y 40.

_____ 4. Roberto Clemente murió...
   a. en Cuba.
   b. en un accidente de avión.
   c. en el año 1992.

LM12-4. Un mensaje para ti Eres administrador(a) en una universidad que tiene muchos programas en el extranjero para sus estudiantes. Acabas de recibir un mensaje de una aspirante, en el contestador. Escucha el mensaje y llena el formulario con la información necesaria.

CD 4-22

Vocabulario útil:

enfoque *focus*
me muero por... *I cannot wait to...*
vivienda *housing*

Nombre: _____

Número de teléfono: _____

Edad: _____

Ciudad: _____

Idiomas: _____

Programa deseado: _____

Segunda opción: _____

Especialidad: _____

Preferencia de vivienda: _____

      solo(a)   con un(a) compañero(a)   con dos compañeros(as)   con una familia

Pasatiempos: _____

_____

_____

LM12-5. Escenas en casa Vas a escuchar tres conversaciones. Escribe el número de la conversación en el espacio de la imagen correspondiente.

CD 4-23

_____   _____   _____

LM12-6. ¿Por qué estudiar español? Escucha lo que dice el narrador y haz la actividad.

CD 4-24

1. Escribe las tres razones que da el narrador para estudiar español.

_____

_____

_____

2. ¿Cuántas personas hablan español? _____

Extensión Con tus propias palabras, escribe una composición breve para explicar por qué crees que es importante estudiar español. Luego, entrégale la composición a tu profesor(a).

_____

_____

_____

_____

_____

_____

_____

_____

Autoexamen Answer Key

Capítulo 1

Vocabulario

WB1-25. 1. e 2. d 3. c 4. b 5. a

WB1-26. 1. abogado(a) 2. doctor(a) 3. mesero(a)
4. chofer 5. vendedor(a)

WB1-27. 1. charlo por teléfono 2. navega por el
Internet 3. corren 4. tocamos la guitarra 5. leen
libros

Funciones y estructuras

WB1-28. 1. boliviana 2. representan 3. Cuántos
4. llama 5. Los 6. soy, son 7. interesantes
8. arquitecta, periodistas 9. leemos, escribimos
10. ningún

WB1-29. *Answers will vary.*

Cultura

WB1-30.
1. Incas and Aztecs
2. About 300 years (from the 16th to the 19th
   century)
3. In the 19th century
4. Simón Bolivar
5. Because of the mix of indigenous, European,
   and African influences

Capítulo 2

Vocabulario

WB2-25. 1. c 2. c 3. a 4. b 5. b

WB2-26. 1. abuela 2. primo 3. padres 4. tío
5. hermanos

WB2-27. 1. tonto/estúpido 2. extrovertido
3. diligente 4. cómico/gracioso/de buen humor
5. triste

Funciones y estructuras

WB2-28. 1. a 2. a 3. a 4. d 5. b 6. a 7. b 8. b

WB2-29. 1. k 2. f 3. e 4. a 5. d 6. m 7. h 8. j
9. c 10. g

Cultura

WB2-30. 1. c 2. b 3. c 4. a 5. c

Capítulo 3

Vocabulario

WB3-25. 1. hospital 2. cajero automático
3. supermercado 4. peluquería 5. restaurante

WB3-26. 1. a 2. c 3. a 4. d 5. a

WB3-27. 1. i 2. j 3. l 4. a 5. h 6. c 7. d 8. k
9. e 10. o 11. p

Funciones y estructuras

WB3-28. 1. sigo, está 2. es, es 3. van, planean,
quiero 4. haces, hago, lavo, sé 5. tiene, salgo

WB3-29. *Answers will vary.*

Cultura

WB3-30. 1. c 2. b 3. b 4. a

Capítulo 4

Vocabulario

WB4-25. 1. invierno 2. hace frío 3. nieva
4. primavera 5. llueve 6. verano 7. hace calor
8. otoño 9. hace fresco 10. nublado

WB4-26. *Answers may vary. Possible answers:* 1. d
2. a 3. b 4. c 5. e

WB4-27. 1. el fútbol 2. la natación 3. la lucha
libre 4. la gimnasia 5. el tenis

Funciones y estructuras

WB4-28. 1. empiezas, empezáis 2. pido, pide
3. conozco, conoces 4. se llama, nos llamamos
5. contengo, contenemos 6. mostráis, muestran
7. eres, son 8. estoy, está 9. te sientas, se sienta
10. escojo, escogéis

WB4-29. *Answers will vary.*

Cultura

WB4-30. 1. c 2. b 3. a 4. c 5. a 6. b

Capítulo 5

Vocabulario

WB5-25. 1. mil seiscientos siete 2. mil setecientos
setenta y seis 3. mil ochocientos sesenta y cinco

4. mil novecientos sesenta y nueve 5. mil novecientos ochenta y nueve

WB5-26. 1. pasaporte 2. boleto 3. cheques de viajero 4. maletas 5. tarjeta de embarque

WB5-27. 1. la cabeza 2. el estómago 3. la nariz 4. el hombro 5. los ojos 6. la piel 7. el pelo 8. los pies 9. los dientes 10. la garganta

Funciones y estructuras

WB5-28. 1. nació 2. se graduaron 3. pagué 4. empecé 5. prefirieron 6. durmió 7. distribuyeron 8. tuvimos 9. estuvisteis 10. puso 11. rompí 12. diste

WB5-29. 1. la 2. las 3. lo 4. te 5. la 6. los 7. los/las 8. te

Cultura

WB5-30. 1. d 2. a 3. b 4. c 5. e

Capítulo 6

Vocabulario

WB6-25. 1. congestión 2. barrios 3. transporte 4. contaminación 5. policía vial

WB6-26. 1. e 2. c 3. a 4. d 5. b

WB6-27. 1. ecólogo 2. especies 3. extinción 4. reserva biológica 5. guardaparques

Funciones y estructuras

WB6-28. 1. tenía 2. ningún 3. conocí 4. Ibas 5. Aquel 6. saben 7. algunas 8. hicimos, pudimos 9. quería, leía 10. había

WB6-29. 1. a 2. b, b 3. a, a 4. a 5. a, b 6. a, b

Cultura

WB6-30. 1. San José 2. democrático 3. café 4. Irazú 5. 18%

Capítulo 7

Vocabulario

WB7-25. 1. se mudó (se fue) 2. echo de menos 3. extraña 4. tierra 5. se fue (se mudó) 6. regresar

WB7-26. 1. mudanzas 2. camión 3. menaje 4. cajas 5. mantas

WB7-27. 1. c 2. d 3. e 4. b 5. a

Funciones y estructuras

WB7-28. 1. c 2. e 3. f 4. a 5. b 6. d

WB7-29. 1. por 2. Por 3. Para 4. por, por 5. por 6. por

Cultura

WB7-30. 1. el azúcar 2. El Partido Comunista Cubano (PCC) es la organización política más importante del país. 3. Por su arquitectura y por los coches que tiene la gente, que son de antes de la revolución. 4. Una camisa fresca que usan los hombres en Cuba. 5. La bicicleta, por razones económicas, prácticas y ecológicas.

Capítulo 8

Vocabulario

WB8-25. 1. presencia 2. hoja de vida 3. expresión 4. técnicos 5. manejar 6. se encargan

WB8-26.
1. idiomas (no son parte de los datos personales)
2. domicilio (no es parte de los estudios realizados)
3. estudios secundarios (no es parte de la experiencia laboral)
4. programas de computación (no es una categoría dentro de una hoja de vida)

WB8-27. 1. archivo 2. reunión 3. informe 4. fax 5. llamada

Funciones y estructuras

WB8-28. *Answers may vary. Possible answers:*
1. Ramón ha sido nuestro técnico por cinco años.
2. La persona a quien le di el monitor no está aquí hoy.
3. ¡No me has/ha enviado un correo electrónico todavía!
4. El servicio de Internet que me gusta cuesta mucho dinero.
5. Se limpian las oficinas tres veces por semana.

WB8-29. 1. No la enciendan. 2. Imprímanselas. 3. No se las pongan. 4. Encárguense de reparar el sistema/de repararlo. 5. Envíenselas. 6. Séanlo.

Cultura

WB8-30. 1. 90% 2. Simón Bolivar y Antonio José de Sucre 3. Caracas 4. *Answers may vary* (Cafés al aire libre, parques, las Torres del Silencio, los centros comerciales, el metro, la Catedral, el Panteón Nacional, el mercado)

Capítulo 9

Vocabulario

WB9-25. 1. b 2. a 3. a 4. c 5. a

WB9-26.
1. casarse (no es parte de «las características de un jefe»)
2. esposa (no es parte de «la oficina»)
3. agresivo (no es una característica positiva de un compañero de trabajo)
4. cumplidor (no es una característica negativa de un compañero de trabajo)
5. archivar (no es una actividad típica de un jefe)

WB9-27. 1. c 2. b 3. d 4. e 5. a

Funciones y estructuras

WB9-28. 1. confíen, asuman 2. se casen 3. pueda 4. estén 5. es, tenga 6. aprendamos, provoquen 7. se ponga 8. te preocupas, des 9. me enamore, conozca 10. tiene, quiere

WB9-29. *Answers will vary.*

Cultura

WB9-30.
1. 45%
2. la agricultura
3. La primera capital de Guatemala. Tiene muchos monumentos históricos y es la capital colonial más antigua de Centroamérica.
4. bonitas blusas bordadas que hacen las mujeres indígenas
5. Porque hay ruinas de templos y pirámides mayas.

Capítulo 10

Vocabulario

WB10-25. 1. a 2. a 3. c 4. a 5. c 6. b

WB10-26. *Answers may vary. Possible answers:*
1. pedalear (no es una acción asociada con la escalada libre)
2. raqueta (no es parte de los artículos necesarios para practicar el patinaje en línea)
3. béisbol (no es un deporte urbano)
4. cuerda (no es parte del equipo necesario para jugar tenis)
5. esquiar (no es una acción asociada con los deportes urbanos)

WB10-27. 1. f 2. d 3. b 4. c 5. a

Funciones y estructuras

WB10-28. 1. a. No te pongas la chaqueta. b. Haz la tarea. c. No hables en voz alta. d. Diviértete en la universidad. e. Ve a la biblioteca. 2. a. No arriesguemos la salud. b. Practiquemos muchos deportes. c. Levantémonos temprano todos los días. d. No salgamos sin muchos amigos. e. No distraigamos a nuestros amigos.

WB10-29. 1. Se sentirán, tomen, descansen 2. hagamos 3. iré, pueda 4. desaparezca/ desapareciera 5. haya, venga, estarán 6. dejas, vivirás 7. vayamos, diremos 8. son, distrae, promueve 9. participes, bajarás, reducirás 10. leamos, se anuncien

Cultura

WB10-30.
1. Tiene un clima templado y agradable todo el año debido a su posición 30 grados al sur del ecuador.
2. Es en su mayoría de origen europeo.
3. La ganadería.
4. El gaucho.
5. *Answers will vary. Possible answers:* Playas, plazas, haciendas, la ciudad Colonia del Sacramento.

Capítulo 11

Vocabulario

WB11-25. 1. a 2. c 3. b 4. b 5. a

WB11-26. *Answers may vary. Possible answers:*
1. conectar (no es una acción asociada con los botones o teclas de la computadora o el electrodoméstico)
2. programar (no es parte de la activación de un equipo)
3. desconectar (es lo opuesto del resto)
4. desenchufar (no es parte del uso activo de un equipo)
5. rápido (no describe el estado o condición de un equipo)

WB11-27. 1. tolerancia 2. guerras 3. violencia
4. respeto 5. odio

Funciones y estructuras

WB11-28. 1. estudiaras 2. Podría 3. perderemos
4. gustaría 5. fuéramos 6. envíe 7. fuera
8. declare 9. funciona, oprima 10. haría
11. compró 12. invierten

WB11-29. *Answers will vary.*

Cultura

WB11-30. 1. b 2. a 3. b 4. a 5. a

Capítulo 12

Funciones y estructuras

WB12-16. 1. llegaron, consiguieron, han podido
2. tuviera, mandaría, vaya, me dé 3. era, vivía, se mudó, regresaré 4. ha logrado, ha abierto/abrió, ha ayudado

WB12-17. *Answers will vary.*

Cultura

WB12-18.
1. Aproximadamente 36 millones
2. a. cubanos b. mexicanos c. puertorriqueños
3. No, porque hay mucha diversidad (diferentes países de origen, diferentes niveles de educación, diferentes clases sociales, inmigrantes recientes, descendientes de hispanos nacidos en este país, etc.)